光緒上虞縣志校續 3

紹興大典 史部

中華書局

上虞縣志校續卷十三

列傳目九　人物　附殉難姓氏

國朝三

陳景祺原名光斗字星橋父廷連登嘉慶己卯鄉薦任碭山知縣有聲景祺甫成童即補學官弟子生有至性未逼

籍受知於安徽呂文節公以學行相敦勉登道光丙午賢書咸豐壬子進士以知縣歸部銓選時海內軍興選班逼利逾年即奉部文截取景祺以母病風痺躬侍湯藥數年卒不瘳遂無出山志主講經正書院負笈踵至多所造就景祺不騖講學名而操行真摯終日危坐無倦容處暗室如對聖賢尤嚴辨義利公私之界教人以誠敬爲先學者稱星橋先生辛酉粵逆擾浙東南糜爛景祺語人曰余非守土臣原無必死之責顧此時安所得乾淨土奔避而仍不免死有餘憾矣未幾奉撫軍檄襄辦團練知當事者率

闒茸難共事乃糾合鄉里自爲守禦十月邑城陷亟移母於皁李湖墩自率丁壯守賊再至再卻次夜賊大股突至景祺效死勿去有掖之走者不聽賊至擁以去至城西畫錦橋屹立不行大聲怒罵賊酋腭眙諷譬再四憤起奪賊刃賊攢刺之躍入河死越四日家人得屍檢矛傷七十餘處鬚髮怒張生氣猶凜凜焉事聞贈知府銜世襲雲騎尉恩騎尉罔替據家傳纂子夢麟字書玉登同治乙丑鄉薦辛未成進士由翰林院編修洊擢侍講能繼父志光緒癸巳丁母艱歸營葬畢惜旋卒新纂

趙啓玉字璞山寄籍會稽官湖南縣丞咸豐二年粤匪陷新寗啓玉以辦餉勞補巴陵縣丞即署新寗縣事四年從軍湖北克復崇陽通城二縣湘撫駱文忠公秉章以年少疑之湖北按察使胡文忠公林翼白其功保陞知縣　予藍翎署平江縣賊陷桂陽啓玉赴援克復陞同知直隸州換花翎宜章與廣東接壤駱公虞賊闖入檄啓玉往防時廣東樂山縣已陷啓玉率二千人越境趨樂山營青草嶺進戰斬馘甚多賊再撲營堅壁不動賊潛結援衆數萬合圍三晝夜孤軍無援糧匱陣亡年僅二十九駱公痛之曰

以儒吏越嚴疆以小隊扞大敵趙令眞人豪哉事聞以知
府例　賜卹據浙江忠義錄
錢世敘字蓉塘登咸豐己未鄉薦庚申連捷會魁署福建
南屏知縣興利剔弊振興文教人稱錢青天同治壬戌充
鄉試同考官得士尤盛授龍溪縣時粵匪擾閩省游民乘
勢劫掠徐巡撫宗幹飭編保甲世敘用勾股法稽核之大
吏偉其才檄各屬辦如錢令式甲子秋賊破漳州世敘督
團勇巷戰力竭死從僕覆以敗垣賊平與二子送骸歸
卹贈道銜給世職罔替著有東樵詩文集祠祀漳郡子恭寅恭

寰族子繼成慶紳姻屬俞守先陳雨桂同殁於漳祔祀並祀本籍昭忠祠據採訪冊

丁文秀字義美性至孝父没結廬墓側事死如生朝夕跪墓前禀家事歷三年如一日飲食必先祭尤好義家僅中人產道光己酉捐田三十餘畝建立養正義塾以訓族中子弟咸豐辛酉冬粵匪掠夏溪避居火銑山雪甚絕粒死無子同時王烋字漢英國學生當虞城陷奉母山居賊按戶科派僞號四布烋忿甚欲舉義旗殺賊慮無應者日誦文文山正氣歌擊節慷慨未幾母卒旣反哭遂不食人勸之乃曰吾前有老母在今已終天年吾復何戀恨不手刃

逆賊尙受其約束與鼠輩共食息乎卒不食五日死同治間祀忠義祠忠義錄時又有巫者石元佑遇難歎曰天非淸朝天我何生爲遂拜誓母墓仰毒死據采訪册

王殿孝居下嶺同治元年三月餘姚大嵐吳芳林糾義軍殺賊殿孝集團丁同破後陳梁衖前方馮邨諸賊卡殺賊無算十六日復偕團長王志熙黃燕貽等攻克丁宅街楊婆橋關山張邨諸賊壘國學生王淮等協助團兵千餘亦出寨嶺攻破章鎭賊巢時義旗嚮應賊爲之驚越日賊大股至戰於龍角山殿孝猶追擊至隘口無援死之年逾六

十同死賊者王禹文王仙根三十餘人不數日芳林亦死八品職銜徐楚玉字保中與芳林同督練勇知芳林死隱居深山遇賊不屈亦被戕是秋賊潰過境乞和淮不允閏八月賊破寨嶺由別徑夾攻淮力竭被殺屹立不仆人壯其義淮同里王均王塏兄弟與淮練團禦賊亦同殉焉據采訪冊　案吳芳林戰沒上虞忠義錄誤作上虞人

虞典居大善莊授九品職銜辛酉賊陷虞城典率子弟集鄉里丁壯在昆侖邨團練禦賊被害慘烈　卹給世職罔替據部咨文同族虞學忠少孤樸愿務農孝事母當賊竄大善

先數日即不食若有所思臨時率數十人持農器堵禦中途衆遁學忠直前遇害年僅二十據朱潮監生夏壽培同撰傳

仕十二都習舉業於近邨新窰遇賊大罵被害歲在壬戌年二十五采訪冊

劉占熊字兆男世居城東庠生精青烏家言賊陷虞占熊方有事宗祠聞警撤席未脫冠帶賊毁其宗祏占熊叱之賊怒擁而去占熊且走且罵至二十里牌憤極奮拳擊賊遂被縛剞腹死　卹贈如例蔭一子入監同族栒早傷左足居貨於市先以拳擊二賊賊旋麕至被害城東許立身

字星巖庠生被賊虜至僞館强令作書不從欲殺之適賊將就食乘閒逸出至高馬路頭躍入池死同族寶瑛佾生亦駡賊被害同請　郇如例東鄉應畧有王一傳當賊入郇時將殺其姪大駡被害年已七十均采訪冊

葛濬川字曉春賊陷虞時家居扃戶賊闖入迫脅不從欲執之駡不絕口遂遇害年六十有三監生鍾球住城都尊賢坊讀書樹氣節於次年正月避居於鄉賊驟脅去大駡被重創委於地庠生周品蓮字愛溪遇賊於東溪亦脅使入城不從縛之品蓮頓足怒駡賊乃剥其衣以旂杆石夾

肢體聚柴焚斃　卹贈鹽知事銜儒童章瀍字叔寬屢登府縣試前列城陷時被脅出門不良於行戟手罵賊賊斫其指猶罵不止賊遂殺之據采訪册

賈周傳居二十一都南嶴當辛酉十月賊入山肆掠婦女時周傳糾少壯數十迎拒賊退居瑞象寺黨益麕聚衆莫敢追周傳忿賊脅有少女奮逐之被戕於木魚墩賊欲窺其膽并剖腹取心至南源廟烹而食年才二十九而山中婦女賴以保全甚多未請　旌卹二十三都朱巷有朱化鵬議敘八品辛酉賊欲授以僞職不可避居查山別墅後

次年七月聞賊屬至已不食數日賊脅同走不從遂遇害并被焚時年六十七　卹贈鹽知事銜蔭一子入監據采訪

夏玉堂居北鄉三都業農好義値土匪通賊勒派戶捐玉堂願輸己財罷同邨貧戶各捐賊怒率黨圍其居擒至五車堰賊寨酷施諸刑玉堂大聲曰欲我害人不如殺我賊梟其首復索妻孥金若干歸其屍鄰里賴以保全壬戌二月四日農民起義破橫山賊寨小越五車堰各賊潛逃入城義民以白布冒頭卽夕持耒耜爲軍器挨戶抽丁次晨接戰於北門外半路橋死者甚多其姓氏可稽者有曹寶

曹文階曹義曹夏仁曹九材曹學道諸人均未旌卹（案忠義錄有曹寶曹夏盛此作夏仁）九月賊入五夫郡擄掠農民尹克仁憤起鬭殺三人漸因衆寡不敵被刃傷五處剖腹慘死年巳五十（據采訪）

柴俊秀字靄亭居梁湖從九品銜壬戌九月虞城克復賊西竄俊秀與弟文童鍾秀俱被擄迫之走不從擊以鎗彈九從袖出不死遂縛手駢行至江蘇宜興之長岡嶺欲潛歸慰親不得遂均死於難有同行逃亡者言其事同時許泰居諸里罱性剛直於同治元年九月遇賊即罵且與拒

賊偉其貌勸之降不可遂刳其肉泰罵更烈賊因縛泰身用油焚斃朱鼎鐘十五都人拒賊被鎗彈傷繼復被殺據采訪

謝椿字裕堂居海隅有才略應里戚蔣元瑞招至直隸之元城襄理軍務勸發倉粟募壯丁精器械賊不敢犯又在永清捕蝗賑饑會僧忠親王駐師天津需木植爲砦柵幷檄行保甲團練法用椿言半月集事欲徵爲幕賓以不忍棄蔣力辭由從九晉五品銜咸豐庚申居母喪明年虞城陷椿率團勇捍賊又明年積勞歿優敘照陣亡例　郵給

世職罔替據蔣緒撰傳

附殉難姓氏錄案粵寇之變死者甚多南北兩鄉尤慘攷忠義錄載紳士間失其實義民重沓尤多濫竽今擇確知其非者削之餘著錄其已見傳文及附傳者不復贅

王天錫廣東龍川縣知縣　李英廣西全州山角司巡檢

顧紳江蘇候補從九　袁溪四品銜候選布政司理問　朱錫常候選布政司理問

戚德慶布政使理問銜○子承志　陳樹敏候選縣丞　徐汝楫候選典史

徐廷楨九品職員　徐培九品頂戴　王世元　王世英均候選未入流

陳鷹揚　陳應橋　楊炳炎　俞棻弟樹○均候選從九

徐宇立候選從九　陳康　陳鑑　陳鎬

柴　濬　胡春田　胡　墀　沈美章

車　詢　謝　煦　錢世策　李　棠

嚴人和　朱廷標　石偕行　錢履和

李開先　連桂和　金文炳　鄭錦堂子監生振繼

傅秉銓均從九品銜　胡　蘭廩貢生　徐　鎔廩生　經簡庭

徐慶詔　葛藟縈均增生　錢敬鑁　錢寶靑

錢光第　葛和鼎　周　勛　葉春熙

徐大亨　徐廷鏞　徐　桂　張　榆

萬文雁　丁　淯　丁義美　顧　中

郭立言　羅應標　羅鳴岡　戴連慶

姚璺卿　朱耀章均生　附陳懋敬　陳安懷

陳鳳林　陳銘　陳義種　徐九齡

徐文煥　朱兆蘭　朱鼎忠　胡垣

胡遂生　甄成銓采訪冊子士英同死　葛德祥

黃文俊　黃滋鎰案此名疑誤　黃潤　余邦榮

張思明　錢福齡一作錫齡　錢鏞一作墉　錢鎔

項漢源　丁元桂　丁秋桃　車貞子履福履吉孫豹獅

戚景沂　謝元愷　周鴻壽　周采章

沈燮堂 王丙奎 許宗耀均監生 丁文孝

丁寶善 丁三秀 丁春富 丁錫光

丁全楨 丁茂德 丁永成 丁玉佩

丁庚政 丁小蘭 丁占雲 丁占雷

丁占鰲 丁攀龍 丁阿海 丁啓賢

丁芳成 丁阿富 丁世昌 丁龢臍

丁阿四 丁文屑 丁恒裕 丁小六

丁小桃 丁成忠 丁象昭 丁祥光

丁大興 丁楊臣 丁仁和 丁進德

丁國表　丁國楨　丁亦高　丁有福

丁望霓　丁連福　丁天瑞　丁朝佐

丁大毛　丁南勇　丁良德　丁友德

丁表海　丁漢才　丁大川　丁鳳珠

丁增榮　丁增光　丁復明　丁本紹

丁長久　丁永清　丁志和　丁月桂

丁寶傳　丁張高子阿毛　丁餘黃弟餘兆　丁鳳林子阿位姪七寶甥王阿雲

丁永茂　丁文海　丁江海　丁繼德

丁大春　丁小構　丁見龍　丁　明

丁亦南　丁碞寶　丁小寶　顧燧亭

顧開益　顧如寶　顧大通　顧南二

顧大化　顧維郇　顧維禧　馮繼龍

馮炳有　馮阿思　經志仁　唐建忠

唐開祥　唐國忠　唐可任　張和尚

張啓發　張君蔚　張有良　張高松

張　高　張　毛　張調木　張漢清

張漢有一作友　張夢來一作賚　張廷林　張東友

張夢奎　張有表　張大會　趙小覺

趙又如　趙認齋　趙永茂　趙春龍
趙阿瑞　盧連三　盧廷善　盧十三
董大有　董倍懷一作培槐　董桐英　董南卿
董順秀　董增福　董方龍　董方易
董欲義　董懷義　董朝富　董玉音
董　詔　董登仁　董方元　董方乾
董殿存　董　成　董忠奎　董德昌
董殿忠　董德龍　董南清　王配林
王廷宰　王永昌　王　忠　王成化

王禹文　王金寶　王琴仙　王長富

王仙根一作先　王傳元　王禹風　王禹凝一作吟

王月秀一作聿　王景全　王作梅一作美　王樹盛

王紹秀一作兆秀　王成福　王小靡　王紹成一作韶成

王景奎　王景達　王景茂　王世忠

王阿楚　王開達　王東順　王昇海一作升海

王作雲一作云　王南陽　王成先　王三寶

王允生一作升　王邦佳　王效山一作耀山　王阿乾

王玉殿　王慶林　王皆明　王懷玠

王作林　王連枝　王配連　王不意
王永法　王維懋　王燕　王小九
王邦燕　王阿加　王如成（一作汝成）　王東仁
王如來　王雨升（一作羽聲）　王阿文　王阿燦
王倫　王齊來　王念思　王小寶
王立甫　王立本　王竹邨　王文會
王秋毛　王逼來　王春鳳　王小狗
王春豪　王朝佐　王佩金　齊珮林
齊增貴　齊秀鶴　齊桂雲　宗望先

李　芳　李廷耀　李克成　李阿三一作山

李小運　李克昌　李夏書　李周鎬

李二觀　李培圭　李啓雲　袁春壽一作椿壽

袁明高　袁　金　袁　賢　袁朝榮

袁茂芳　袁天貴　袁　梯　袁應兆

陸　元　陸桂運一作貴運　陸　榮　陸淸言

蔣　孟　蔣月照　僧述盆　吳善吉

吳秉全　吳　樽　吳善鈞　吳彩琴一作采芹

吳朝進　吳誠若　吳　和　吳朝見

吳開增　吳堯英　任金林　任文元
任駿聲　任寶椿　俞新法　俞一桂
俞小毛　俞福來　俞成文（子阿八）　俞肇鍔
俞應極　俞　桂　俞阿周　曹文魁
曹開先　曹八齡　曹寶（子羅發）　曹夏盛（一作夏仁）
曹阿有　錢大倫　錢宗顯　錢宗顥
錢申翰　錢丙照　錢如蘭　錢鐘俊
錢　狍　陳乾明　陳允信　陳茂椿
陳煥林　陳彙法　陳星源　陳鰲楨

陳木堂　陳振綱　陳振賢　陳大其
陳紹緒　陳子祥　陳開春　陳世宣
陳望高　陳時中　陳大毛　陳燕飛
陳福善　陳性海　陳漢章　陳秀水
陳乾泰　陳邦梭　陳上升　陳汝梅
陳爾芳　陳觀釗　陳德有　陳宗耀
陳魯璠　陳清標　陳念七　陳廷元
陳肇玉　陳其化　陳其瑞　陳友章
陳雲功　陳元祥　陳元德　陳垂統

陳陽茂　陳松齡　陳邦英　陳四
陳敬修　陳其山　陳文興弟文秀　陳孔金
陳尙玉　陳芳春　陳十二　陳紹槐子仁昌
陳紹源子東來　陳有榮　陳耀　陳永福
陳小懷一作孝懷　陳德勝一作得　陳小毛　陳大方
陳雪南一作錫南　陳國士　陳章林　陳維仁子正意
石福秀　石朝陽　石南極一作杰　石堯泰
石萬興　石景其　石月正　石梅
石茹　石髦　石文炎　石時化

石萬忠　石阿招　石萬仙　周隆裕

周世順　周毛　周章法　周廷魁

周瑞龍　周志孝　周立年　周雲通

周寶　周珊　周鑑清　羅金才

羅昇　羅丙炎　羅正才一作增瑞　羅月中

羅景炎　羅明可一作鳴珂　羅十一　羅小鼇

章文潮　章永高　章鳳桂　章情瞻

章明瞻　章懋政　章士雲　章士傳

章賢達　蕭霖　田爰法　田豐年

沈成艮　沈陞僚　沈永順　沈士艮

沈秉水　沈德備　沈景仁　沈財源

沈如晦　沈阿林　沈運高　沈宗華

沈沛昌　沈倫奇　沈一清　沈奎義

沈以會　沈鴻達　沈克昌　滕周雲

何小春　何君豪　何永興　謝福慶

謝韓增　謝阿正　謝香榮　謝啓胡

謝廷樞　謝元植　謝兆堦　謝光元

金阿皆一作金堦　金聲鏞　金明祥　金明寶

金秀奎　夏懷元　夏雲龍　夏鳳岳

夏德昭一作炤　夏論道　夏漢明　夏　錫

夏錫道　夏轂龍　夏　照　夏周鑑

夏阿順　夏升連　夏世玉　夏瑞昌

潘思明　潘載秀　潘聖太　潘　報

潘聖佑　潘文星子德豐　潘國義　郭聖奇

郭鳴楚一作鳴初　郭兆豐　郭鳴雷　郭三益

郭茅頭一作貓　郭星福　郭世朝　郭思邵

郭阿錫　郭月富　郭阿來一作萊　戴大毛

戴如玉　曾錫岡一作江　曾　江　婁開運
婁阿毛　婁尚志　許阿八　許東榆
許寶琳　許永能　許星垣　許周培
許傳雲　許傳靄　許天先　許首先
許朝先　許上和　許元九　胡阿七
胡秉釗　胡炳太　胡國林　宣景耀
宣十八　林孝倫　林五倫　林寶臣
林廷棟　林寶恆　傅乾福　傅慶雲
傅銘鋭　傅　開　黃鳳翔　駱文貴

龔國祥　龔南衢　龔春芳　馬仁安
倪耀祖　范桂生　范阿梁　范開寶
姚光福　姚丙貴　姚廷治　劉金寶
劉桂元　應文海　裘鶴祥　葉思棠
葉明祿　葉封唐　葉景堂　楊秉彝
楊阿構　孔廣宇　孔昭瑞　虞廷榮
虞斯來　虞士進　虞日昇　虞學思
梁永福　呂在忠　呂楚宮　成開豐
蔡阿貓　諸新海　朱金富　朱允懷

朱天初　朱瑞　朱裕和　朱來法

朱阿法　朱思仁　施金罍　竺江漢

孫廷元　孫清揚　葛寶靖一作靜　葛恩

葛志高　葛光福　葛阿雷　葛魁元

葛濟川　葛思九　葛清標　鍾鳳儀

鍾秉相　鍾萬清　鍾調元　鍾瑞燦一作萃

鍾克先　鍾玉章　鍾阿田　阮十一

阮阿五　阮阿八　阮阿思　阮十三

阮寶珊　陶廷桂　金遠　柴思培

桑瑞國　余金毛　鄧雲表　鄧敬高

吳　泰　包學海　鮑心有　鮑裕培

杜楚玉　茅克祥　邊阿毛　管春林

方永清　唐清泉　高金鳳　項日照

宋望先　盧阿文　樓子嘉　徐三江

徐禹章一作宇章　徐渭師　徐阿貓　徐明珠

徐學佩　徐寶德　徐殿金　徐銳先

徐元泰　徐阿狗　徐文華　徐德風

徐殿富　徐庭金　徐思東　徐士章

徐雙林　徐文忠　徐秀山　徐大春

徐仲寶一作葆　徐有容　徐毛一作髦　徐必燦

徐應具一作巨　徐錦秀一作景　徐鋒一作風　徐志剛一作江

徐刪　徐萬化一作蕃　徐文郁　徐元平

徐文瑞　徐金　徐德富　徐如桂

徐家寶　徐應朝　徐景賢　徐若桂

徐友三　徐啓表　徐寶行　徐長庚

徐成美　徐耳順　徐有光　徐騰蛟

徐文蛟　徐廷珏　徐八士　徐之炳

徐泰來　徐泰占　徐泰寶　徐兆墀

徐錫城　徐錫熊一作榮　徐士表　徐士祿

徐雲章　徐思榮　徐聞高一作文　徐德華

徐德慶　徐廷葵一作揆　徐廷表　徐秉炎

徐穀我　徐重慶　徐啟能　徐志道

徐福慶　徐壽富　徐廷宷　徐廷寶

徐繼昌　徐十二　徐東山　徐文臼

徐安榮　徐錫藩　徐士松　徐葆誠

徐松尚　徐孝夫　徐　華　徐加正

徐學周　徐福延　徐丙　徐文燿
徐遇春　徐朝　徐金寶　徐殿英
徐月高　徐岳林　徐哉常　徐亞增
徐大義　徐明忠　徐紹池　徐槐一作懷
徐福昌　徐貴友　徐雲騰　徐世梅
徐照　徐攀桂　徐永和　徐培林
徐德賢　徐生　徐忠正　徐寶書
徐傳法　徐志龍　徐小九　徐亞志
徐銀　徐根　徐穎風　徐天寶

徐爾順　徐彩雲　徐田瑞　徐　垚

徐萬盈一作瀛　徐梅忠　徐　全　徐　福

徐泰升　徐震升　徐鼎升　徐丙義

徐萬來一作賚　徐漢玉　徐漢豪　徐廷榮均義民○以上見浙江忠義錄

謝　瑛江西進賢縣典史　周爾裕候選從九　徐　榕從九品

徐春舫廩生子梁　錢燮鼎增生　張　榆　王　森

何辰煦　朱師孟均庠生　嚴仕進　陳邦英均監生

吳　泰鄉賓　王長春　王天保　王小生

王　毛　馮源堂　馮瑞彪　馮心達
馮學丹　馮亦高　陸桂春　陸大毛
陸芝田　陸德友　陸三海　陸桂雲
陸十二　陸炳和　陸　才　謝宗城
譚志迪　徐其祥　徐茂桂　徐久祿
湯金奎均義民○以上見上虞縣續旌冊皆忠義錄所未詳
羅　楨閩縣巡檢　馬雲章候選布理問　章　惠　錢聚仁
錢厥謀　王夢昌均職員　朱　坰六品銜　馮錫麟布理問銜
黃會清　錢鹿鳴均庠生　陳　虬　章省三姪長珈生

馮錫元　徐煥文　朱學祺　朱開泰

朱明陽　李維賢　符福貴　葛潮

丁瀚　謝越高　李佐　錢培

張震方　吳銓　馬志亨均監生　杜集孔武生

杜汝海一作梅　姚寶興　姚聖若　姚錦美

姚釆基　姚霞春　方汝嘉　方萬順

章勛旦　章和　章月亭　張朝旦

張尙惠　章大中一作忠　張幽光　張啓發

張阿生　張阿海　張錦書　張坤元

張君惠　張思明　余鶴臯　余萬林

盧秉成　盧孔章　盧煥道　孫世昌

孫十七　許自艮　許來山子濟南　梁學先

倪邦法　錢福乾　錢保定　錢藜輝

諸葛五　徐光宗　徐洪堂子瑞芳　徐元表

徐天飛　徐阿毛　徐阿三　徐銘忠

徐　琛　徐祺星　徐泰交　徐長順

徐禹貴一作桂　丁寶儒　丁增美　丁玉田

丁重祐　鍾增瑞子立常　鍾美久　鍾鳳殿

蔡克沛　蔡國堂　蔡德華　蔡成生

蔡增敖　蔡某　任天柱　任天祿

任文星　葛上林　唐安邦　董增淮

董世騤子永軒　朱元忠　朱天容　朱萬順

朱家文　朱萬盛　朱萬高　朱萬利

朱紹祖　沈廷洪　王效法　王大嚴

王阿十　王阿齊　王廷豪　王上達

王世華　王夢江　王開賢　王順泰

王大中　阮士貞　謝有光　趙雲風

趙雲化　趙阿四　徐開文子葆咸　趙世斌姪春榮

車庚寅　周阿齊　周德法　賈月高弟月中

馮九皋　馮炳仁　馮炳朝　馮金璋

馮慶祥　馮齊珊　馮大奎　陸建山

陸玉麟　陸審發　陸珠桂　陸瑞源

陸懷生　陸五林　陸五昌　陸鳳

陸雙　陸坤　陸珊　陸阿狗

陸阿海　陸肯元　陸傲齊　陸亞頭

傅瑞良　金阿義　金漢臣　戚茂發

胡第元　陳允恭　陳友奎　陳玉如
陳夢英　陳鳳春　陳沛然　陳五福
陳桂福　虞瑞臨　虞日顯　虞寶林
虞建勳　虞建文　虞雲得　虞珮瑁
虞家寶　黃雲路　黃瑞昌　黃仕昇
黃明滄　黃廣照　黃萬邦　黃　唐
馬長亨　馬啟德　馬德貴　馬景堂
馬景雲　馬心泉　王　建　王天佑
王孝本　王禹高　王文瑞　王南華

王月江　王夢齡　王瑞和　周小茂

周新建　張文煒　張錦文　張貴卿

張廷榮　張應先　夏雲槐　夏槐一作淮

夏淸如一作汝　糜邦順　糜邦俊　潘桂訓一作貴勳

潘增堂　陶定先　劉玉奎　林高奎姪國金

郭九勞　齊增海　齊秀祥　齊秀元

齊繼昌　竺星曙　竺康曙　竺麟書均義民

施宗朝子雲慶樂戶○以上皆據采訪冊爲忠義錄續旌冊所未詳

上虞縣志校續卷十三

列傳九

上虞縣志校續卷十四

列傳目十　人物

國朝四

經緯字慶桂號芳洲幼孤寒輟讀賈於滬勤愼起家見義勇爲不事封殖道光甲辰創建本支祖祠旁蓋卷石山房課族子弟丁未滬紳邀董同仁輔元育嬰諸堂堂事具舉

廓於舊規咸豐癸丑紅巾踞城滬董星散緯不忍棄乳婦
諸嬰坐危城十有八月竭力維護賊呼爲經善人不加害
大吏聞而多之城復檄總善後事偕邑紳振殘起廢民氣
頓蘇事具上海縣志丙辰回里置義田贍族養老復推廣
學堂於祠後大啓敬修義塾其他善舉如籌辦歸安局與
修獅山橋等不可殫述同治癸亥松境賊退勸同志購婁
金兩邑荒田五千餘畝捐助三堂給貧開墾造倉收租至
今永賴之聞湘軍統師入浙衢嚴洊飢募米數千斛解大
營左帥善之賊踞餘上兩邑約同鄉冒險運米入各鎮平

耀接濟民食甲子浙垣復左帥謀修海塘委前臬司段光清之滬勸募緯慨然任之集貲築修海甯土備塘五千四百餘丈未半載工竣用款至二十五萬緡有奇皆民捐也時緯年已六十有二奔走塘隄不避艱險積勞遂病旋滬遽歿大吏上其事　詔依軍營立功後身故例賜䘏贈知府銜入祀省城昭忠祠廕一子入監讀書期滿以州判註冊銓選光緒六年海甯紳民合詞請祔海甯馬端敏公專祠格於例不果行　據朱蘭撰傳纂

縻憩棠號秋圃以賈蘇常知人善任致饒裕歸建宗祠置

義塾值粵匪擾虞邑米翔貴民不得食憩棠聞海舶洋米抵甬急購辦平糶立貧戶冊各給符驗約三日一周先是郡城陷姚邑謝仲翔退守曹江憩棠捐餉率子姪晝夜防衞流民麕集百官憩棠設粥廠賑病予以醫藥兼施棺埋瘞有自賊營脫逃者給路金使歸全活無算賊平輸巨款助善後事卒年七十三子孫皆世守其法據王瑆撰傳纂

杜儀號藹亭幼隨父寓常州刲股療母疾道光季年施粥賑饑粵匪陷金陵時難民蔽江下日以萬計儀請大府集款留養常城壞捐巨貲倡修又嘗團練奔牛鎮民夜持燈

竿擊鼓賊疑駐大隊不敢近遂堅築土城得資防守同治初旋里會英商往來長壩恃强開放河水七鄉農田受害力請當道禁止復改築新堰爲石堰設巡防所以禦盜與經緯皆以義行稱據採訪冊

田士昀原名俊千字詩舟髫年解韻學長工詞章兼通天文輿地家言登道光甲辰鄉薦入貲由內閣中書轉戶部郎中平生見義勇爲嘗慨計偕入都者無棲息所與侍郎袁希祖籌建上虞會館於韓家潭己酉大水散穀賑饑兼勸族之殷厚者繼之并推產入宗祠同治壬戌賊擾虞北

過門前輒指爲積善家據採訪冊

萬青選字雅章篤學自修少從族叔進士融堂遊補邑廩生爲文守先民矩矱尤工詩賦試輒冠其儕成就後進鄰邑知名士多出其門登賢書入詞選者歲不乏人居家嚴整訓子弟以持身涉世之方當厲廉隅爲先著有淩雲書屋雜詠經兵燹散佚惟存儀禮考注一卷徐垚亦廩生廣授生徒講學姚江據採訪冊

連仲愚字樂川邑諸生候選訓導祖彭年任嘉定通判調知忠州有政聲仲愚讀書多智善幹事不避勞怨其尤盡

力者在江海塘工道光季年洪流嚙隄連泱大口十有七邑令張致高貸庫銀三千兩委仲愚築復計長萬餘丈自此經理三十年水不爲患亦不請公帑焉咸豐初以五鄉塘糧困民稟請免徵朞年爲善益力捐置敬睦堂義田管塘會田及義渡義冢等田當匪擾時糧路幾絶爲航海運米保全鄉里襄理善後董造學宫官廨創建捍海樓於孫家渡皆有功桑梓者年七十卒著有論史拾遺一卷塘工紀要四卷敬睦堂條規一卷據採訪兼李慈銘撰傳互見水利長子茹同治丁卯副貢候選中書續置義田以千五百畝入告謂

之連氏義莊據採訪冊

胡心庠字蔚之高郵知州棠之孫幼沈毅讀書通大略兼習武事咸豐辛亥中順天副車粵寇陷武昌時心庠馳赴長沙曾文正見而奇之委辦水師營務處保舉知縣署江西星子縣事時賊踞湖口星子甫克復荆蒿沒人戶口逃亡心庠招徠撫卹瘡痍漸復以次建文廟官廨考棚并葺白鹿書院嚴查保甲昭雪無辜不逾年百廢具舉庚申調龍泉練團儲糧誓以死守賊三至三以有備去明年署廬陵會豫撫某劾曾門下士四人心庠與焉撫尋知其才委

辦吳城釐局文正奏復原官以直隸州補用同治丁卯督餉入京行次山東病歿心庠慮事幹練文正嘗致書曰惟公生明惟勤生明惟慎生明心庠尤服膺勿失云據採訪冊

劉煇字實甫世居城東性剛方道光丙午舉於鄉庚戌會試因父病劇不赴咸豐壬子後東南擾亂絕意進取辛酉賊陷上虞或以煇名白賊迫受僞命煇奉母避居會稽道墟賊平主講經正書院三載精心校士尤留意水利嘗董築西小壩竹湖潭請邑令禁止開掘澤潤四十里河農田無立涸虞己巳冬李撫軍過虞值旱十八里河不通舟楫

邑令欲開竹湖潭洩水以通下河煇念旣禁復開溢決胡底力阻之不可欲以身殉乃止爲改開新通明壩晚年習靜終歲樓居足不入城市學者稱新齋先生卒年六十有四同里貢生俞晉庠貢生錢寶常遇鄉邑義舉亦與煇相助爲理焉據採訪冊

葉煊字芝庭世居葉家埭遊幕燕趙閒道光十四年授山東泰安府經歷聽訟明決人稱以葉一堂歷任泰安卽墨東阿肥城等縣有政聲如修文廟給貧生捕蝗緩徵其尤著者大計卓異咸豐初以年老致仕子三皆練達亦如珪

知河南陳留諸縣據葉氏譜新纂

王德溥字香坪知廣東合浦縣同治九年北海人因事燬稅廠幾激變德溥以情涉斃民命也未遽加罪當事撤任民建生祠祝之并以香坪名其書院光緒紀元復任合浦其北連粵西博白界多奪私糶者有司請兵償事德溥親偵無蹤獲酋以解眾惑明年因事罷官民留不得時論惜之據採訪新纂

王琖字夏樽歲貢生濬之子年十六入邑庠旋食餼試輒冠其羣吳學使鍾駿甚契之教授里門成就甚眾咸豐辛酉虞城陷琖奉母避居鄉僻母卒雖值亂離喪葬盡禮同

治紀元官兵克復餘姚潰賊竄虞西過里閭入斫以刃戕直立不移目眦欲裂賊不敢犯己巳徵舉孝廉方正以年老辭　予六品頂戴光緒辛巳重游泮宮生平崇尚理學初宗陽明晚乃究心程朱律身嚴謹雖盛暑必正襟無倦容人稱秬生先生年八十二卒著有茭園詩稿南鄉丁鎔字滄海邑庠生治家嚴妻久病或勸納妾正言拒之會歲不登議平價散粟家實未素封焉嘗築木龍壩籌設義倉社田施材諸善舉辛酉之亂預辦團練遇賊欲斫以刃直立怒視終不敢害年六十二卒據採訪冊合纂

張曜號朗齋其先上虞人祖濤中順天副榜知山西絳州遂籍大興曜生而奇異嘗部勒童子作戰陣爲兒戲咸豐初捻匪亂中州佐吳江蒯賀蓀禦賊提健兒數百訓練成軍所向有功遂率團勇千餘破捻賊李士林數萬之衆於汝南克光山息縣保知縣六年任固始令巨捻圍光州擊除之時粵逆韋國宗糾皖捻趨豫省號數十萬固始當其衝掘地仰攻城陷數十丈曜百計堵禦凡七十餘日圍解

特賚霍欽巴圖魯名號擢知光州光與安徽潁州接壤嘗出境會剿潁霍間賊寨以父喪去會張落刑擾豫境大

府奏留墨絰從事陳大濬叛據平輿遠近多陰附曜設方
略散其黨併力攻之陞道員同治元年授河南布政使改
總兵官帶勇剿賊　朝命文武並重曜處之坦然歷破尙
店張岡賊巢三十五所生擒巨酋張瀛林等二十七人降
汝南二百五十八寨加提督銜爲忠親王僧格林沁翼長
時僞福王陳添幅以二十萬衆入豫與僞啟王梁成富相
掎角曜出奇連勝王師適至賊西遁追破之板橋川添幅
會僞遵王賴文光急圍麻城城外稻田縱横忠親王騎隊
失利曜赴援七戰皆克殲添幅於英山以全豫大定歸杭

葬親有終焉之志未幾皖寇復熾當道趣曜出成嵩武一軍六年以提督記名七年捻匪北擾曜知張總愚斂陣有詐疾出其前夜抵饒陽未設食而賊果至總愚知有備遁去賞黃馬褂並騎都尉世職論者謂扼賊北竄畿輔曜之力爲多陝西回匪亂山西巡撫鄭敦謹召援是爲西征之始賊敗度隴曜進援甘肅寧夏駐蒙古準格爾八年轉戰至烏拉解阿拉善之圍回民多爲賊誘脅拒官軍曜與將軍金順協力大小百餘戰破數十砦滅王家疃踞匪遂平寧境授廣東陸路提督加雲騎尉世職回酋白彥虎踞肅

州總督左文襄督師圍攻𤐼以全軍繼之克復州城彦虎率餘黨越關據烏魯木齊𤐼接辦邊防　賞戴雙眼花翎進援哈密時各城習回教者叛附白逆而俄羅斯據伊犁𤐼出關二千里不便水草轉輸議屯田率耕作待大軍至合力克吐魯番城進一等輕車都尉世職與諸帥攻克烏魯木齊規復八城彦虎遁入俄境俄以伊犁歸我而西疆定光緒六年幫辦軍務駐喀什噶爾爲中俄分界兼轄西四城督辦善後纏回悅服十年九月班師入關以功加頭品頂戴十一年五月授廣西巡撫修濬京師城河晉兵部

尚書銜查勘黄河建議南北分流不果行十二年五月調撫山東治河恃長堤爲夾束而堤庳土薄不堪捍禦河長九百餘里額定經費四十萬不敷修防曜歲增二十萬先塞姚家口餘爲隨决隨堵復請帑金培堤埝以資久遠建水門三座便分洩濬韓家垣以疏其尾一歲中走河上者幾三百日或積霖河漲岸坼隄傾輒單騎往救復籌粟賑濟十四年幫辦海軍明年加　太子少保十七年會閱南北洋海軍至煙臺聞臺灣巡撫劉銘傳以疾歸遂自請行六月將赴利津勘築新隄而疽發背七月卒於任年六十

曜火色秀偉膂力過人精嫻槍槊有文武才奏疏批答出己手用兵以奇謀取勝至疑難則持以堅忍尤重學校在寍夏徧立義塾至西域亦如之在山東之青州建海岱書院曲阜修復洙泗書院士林頌之食客數百人尤拳拳於故鄉聞建善堂修虞志各捐金若干歿後無私蓄　贈太子太保謚勤果給銀治喪照總督例　賜䘏祀賢良祠　詔建專祠於立功地方　國史立傳葬杭州之鳳山麓據陳震撰行狀新纂

上虞縣志校續卷十四　列傳十

上虞縣志校續卷十五

列傳目十一 寓賢○案舊志寓賢次列女後又方伎仙釋列卷末同一列傳而參錯不倫今俱改次人物後列女前以便檢尋

范蠡周　梅福　袁忠以上漢　虞潭

謝弈　阮裕　王羲之　王修齡

許詢以上晉　孔湻之　顧歡　杜京產

何胥以上南北朝　賀知章唐　張興　夏榮

王義朝　朱熹以上宋　周望元　劉基

王霖廉　王孚　邛鐸　韓廣業

何治仁　李長祥以上明　何嘉祜　褚維垕以上國朝

周

范蠡字少伯楚人相越滅吳功成逃泛五湖又相齊徙居陶號陶朱公嘗寄跡於虞西溪陰有槎大十圍乘之垂釣公去槎墮不復浮名其山曰釣臺後就其地立祠祀之萬歷志○又注引宋范仲淹題厲宅詩羣峯高聳白雲閒我祖曾居水石間千載家聲猶未墜子孫常解愛青山

漢

梅福字子眞九江壽春人少游長安通尙書穀梁春秋爲郡文學補南昌尉成帝時王氏寖盛災異數見福雖孤遠

屢上書譏切王氏帝不能用遂棄官歸壽春元始中王莽專政棄妻子去人傳以爲仙後有見於會稽者變姓名爲吳市門卒姓好鍛嘗鍊於虞東竹橋寺後名其井曰梅僊寺曰福泉云正統志兼萬歷志

袁忠字正甫汝南汝陽人安之元孫舊志作裔孫與同郡范滂爲友同陷黨獄得釋初平中爲沛相乘葦車到官以清亮稱及天下亂棄官客上虞嘗乘舟戴笠詣太守王朗見朗徒從奢麗鄙之即辭去後孫策破會稽忠南投交阯獻帝徵爲衛尉未至卒後漢書袁安傳兼正統志

晉

虞潭字思奧餘姚人清貞有檢操遷宗正卿以疾告歸會沈充等逼京師潭遂招合宗人及郡中大姓共起義軍至上虞明帝詔爲冠軍將軍領會稽内史有野鷹飛集梁屋衆懼潭曰起大義而剛鷙之鳥來破賊必矣後如所言拜尙書晉書本傳○案潭督軍至虞本非寓公今仍舊志列此

謝弈字無弈陳郡陽夏人初爲剡令與桓温善温辟爲安西司馬猶推布衣好在温坐岸幘笑詠嘗就温飲温入南康主門避之主曰公若無狂司馬何由相見弈攜酒就廳

事引一兵帥共飲曰失一老兵得一老兵溫不之責遷都督軍事安西將軍後爲豫州刺史未幾卒子三泉靖元晉書見正統志○案謝氏自弈官剡太傅兄弟相隨之始寧遂居東山謝爲虞人由弈始故列弈於此而諸謝別爲傳

阮裕字思曠陳留尉氏人以德業知名居會稽剡縣咸和初王敦命爲主簿以敦有不臣之心乃酣酒廢職出爲溧陽令免官志尙肥遯在東山蕭然無事常內足於懷拜臨海太守去職復除東陽太守尋徵侍中皆不就人以問王羲之羲之曰此公近不驚寵辱雖古之沈冥何以過此成帝崩裕赴山陵事畢便還諸人追之不及劉惔歎曰我入

東山當泊安石渚下耳不敢復近思曠旁裕嘗終日靜默無所修綜而物自宗焉年六十一卒葬剡山晉書見正統志

王羲之字逸少司徒導從子貧約樂道未嘗以風塵經懷爲右軍將軍會稽內史初渡江便有終焉之志慕會稽佳山水嘗與謝安許詢支遁寓居東山正統志○補稿引右軍集與人書云得書知問吾夜來腹痛不堪見卿甚恨想行復來修齡來經日令在上虞月末當去又云足下欲同至上虞一宿還無所廢吾初至便與長史俱行無可無不可據此益見寓上虞矣

王修齡名胡之常寓東山貧甚陶範爲烏程令遺米一船不受直答云王修齡若飢自當問謝仁祖索食不須陶胡

奴米正統志引世說新語又注云仁祖謝尙也胡奴陶範小字侃第十子

許詢字元度高陽人父皎於晉元帝渡江時官會稽內史因家焉嘉慶志作廪虞詢有才藻善屬文嘗與謝安同居東山好清談人皆慕之又與太原孫綽齊名劉尹云淸風明月輒思元度隱居不仕召爲朝義康熙志作諫議郎不就備稿引天中記徵司徒不就築室永興院西山備稿引兩浙名賢錄作永興之南山蕭然自致人號其岫曰蕭然山後入剡莫知所止或以爲昇仙正統志引世說中興書

南北朝

孔滔之字彥深魯人少高尙愛墳籍爲太原王恭所稱居

剡性好山水每遊必窮幽峻或旬日忘歸除著作佐郎太尉參軍竝不就會稽太守謝方明苦要之不能致使謂曰苟不合吾郡何爲及吾郭湑之笑曰潛遊者不識其水巢棲者不辨其林飛潛所至何問其主終不肯往茅屋蓬戸庭草蕪徑惟牀有數帙書元嘉初徵爲散騎常侍乃逃於上虞界家人莫知所在南史本傳兼正統志○沈奎刊補引上虞孔氏譜湑之至聖二十九世孫庽上虞遂名孔家𡊨元至元初五十三世孫淋字世霖慷慨好學遊上虞三都永豐鄉見湑之公子孫居孔𡊨遂依族同寓案淋子思則有附傳

顧歡字景怡鹽官人六七歲時父使田中驅雀歡作黃雀

賦而歸雀食稻過半父怒欲撻之見賦乃止鄉中有學舍歡貧無以受業每於舍壁後倚聽人講誦無遺忘者夕則然松節讀書或然糠自照及長聞邵元之能傳五經文句從之受業更從雷次宗諮元儒諸義遂隱不仕於剡天台山開館聚徒後至虞東山嘉慶志作日門山與杜京產開舍授經其下有顧墅在焉南史見正統志

杜京產字景齊錢塘人閑意榮宦專修黃老會稽孔顗有峻節一見即爲款交郡命主簿州辟從事稱疾去與同郡顧歡憩始寍東山開舍授學齊建元中儒士劉瓛入東山

與之游曰杜生當今之臺尙也案嘉泰志臺尙正統志作臺尙蓋指臺佟尙禽二高士言萬歷志誤作高尙徵爲奉朝請不至後於日門山聚徒教授陶宏景作日門館記建武初徵員外郎散騎常侍京產曰杜生持劍豈爲白壁所回不就卒南史本傳見正統志子棲別有傳

何胤字子季廬江灊人起家齊秘書郎遷侍中雖貴顯常懷止足建武初欲入東山拜表辭職詔許之以會稽多靈異居若邪山雲門寺兄求點並棲遁求先卒世號點爲大山胤爲小山亦曰東山梁武踐阼乃敕何子朗孔壽等六人於東山受學遷秦望山還吳學徒復隨之大通三年卒

年八十六浙江通志據梁書本傳見乾隆府志○案通志引冊府元龜何裔隱居東山會稽太守蕭元簡深加禮數月常命駕式閭與梁書本傳元簡深加禮敬云云相符是胤一作裔矣

唐

賀知章字季眞越州永興人累遷太子賓客授祕書監晚節尤誕放自號四明狂客天寶初請爲道士還鄉里詔賜鏡湖剡溪一曲嘗築室四明山之鹿亭樊榭間其山與虞東南接境因復僑居曉山下其溪環流清駛後人遂名賀溪駕橋溪上曰駕溪橋萬歷志兼新唐書

宋

張興字泰康先世東平人官大理寺丞性慈祥遇刑獄全活甚眾開寶初宰相趙普以私怨增減刑名官屬堂吏俱附會之大理寺卿雷德驤劾普被黜興歎曰刑官向可爲哉遂挂冠浮海至虞隱蘭芎山麓嘉慶志隱逸傳今依刊誤改列寓賢

夏榮字子顯世居汴梁以詩禮名家值時孔艱俛就武職高宗南渡扈駕東征高橋之戰身被五十餘創忠憤益奮大呼而進金兵大敗遁去封兩浙節度使守越後病退老上虞謚曰英萬歷志○案嘉慶志列入德業傳今依通志列寓賢其引萬歷志與嘉慶志同文而名宦傳引嘉靖通志謂建炎間從張俊征苗劉敗走之遷武經大夫金追帝明州榮從楊沂中迎戰高橋身中十八創甲

爲赤封英國公與此不同備稿案五十餘劊不知何據封英國不應作謚英爲兩存於注中

王義朝字國賓處州麗水人登紹興二年進士第主邵武軍光澤簿調紹興教授因家上虞嘗進易論十二卷高宗下其書於國子監命典諸王宮大小學毋憂起官尚書考功郎乞外爲福建參議未起知臨江軍改授江東提舉罷歸著有禮制五卷易說十卷古律詩雜文十五卷正統志○案嘉慶志列文苑是以義朝爲虞人矣而選舉表仍不列義朝名進退無据今改列寓賢

朱熹字元晦婺源人治平中嘗游始寧李參政光潘學士時搿月林書院館之遣子姪受學焉過五夫馬融故里案備

稿引作馬融宅辨見古蹟賦詩以遺後人康熙志作故人已過觀文殿學士孫邦仁嘉慶志作訪孫學士遂相與契洽復延居西溪湖濱著大學中庸章句或問彌年後即其所居名泳澤書院墨迹留虞者甚多萬歷志○沈奎刊誤案治平英宗年號越神哲徽欽四宗至高宗紹興戊辰朱子成進士之歲已八十餘年其誤始於林希元西溪湖議又案文公年譜湻熙辛丑提舉浙東視事西興壬寅親出按歷諸郡窮山長谷靡不到朱子厲虞或在是時然李莊簡卒於紹興二十八年戊寅至湻熙壬寅已隔二十五年何以尙爲莊簡所館年譜載自提舉浙東以前朱子未嘗至浙且朱子生於建炎庚戌而莊簡傳載建炎己酉除知宣州以後至紹興己未罷知紹興以前未嘗回籍備稿案朱子來虞應是提舉浙東時館朱子者爲潘時及莊簡幼子孟傳謂必不至虞未當今攷朱子文集有祭潘左司文金華志潘時傳云朱子爲志其墓宋史莊簡幼子孟傳傳吳璹將論朱熹孟傳奮然

曰如此此則士大夫爭之鼎鑊且不避據此孟傳與朱子似有舊迎館書院或是孟傳亦未可知今姑錄萬歷志舊文而附考於後

元

周望字月華本居汴梁爲元參將熟於兵機臨陣有度至元間以功擢總兵守黄山老病乞休攜琴劍至虞北小越觀山水之勝遂家焉里人以望有功桑梓歿後付祀張都衙廟望曾祖三畏爲宋大理少卿時秦檜陷岳飛於獄三畏與何鑄庭鞫知其寃上書力爭不可遂罷職放遊東山四明間後入南海○據周氏譜

明

劉基字伯温青田人元至順間舉進士於書無不窺尤精象緯之學方國珍起海上行省辟基爲元帥府都事左丞言方氏首亂宜誅國珍厚賂基不受乃使人賄京用事者授國珍以官而責基擅威福羈管紹興乾隆府志引明史基放浪山水以詩文自娛凡新剡諸名勝遊賞殆徧久居雲門諸山虞西北鄉多軼事流傳今三都大山下有老屋不倚栽牡丹不衰皆指爲讀書處也明太祖兵下括蒼遣使來聘遂間道詣金陵據萬歷府志兼採訪冊補纂

王霖字叔雨括蒼人學博詞古清修可尙爲士林儀表官

登仕郎浙江行樞密院都事元季攜與弟廉過上虞樂蓋湖之勝遂家焉葬鮑家灣廉字熙陽通易研覃諸經奥旨善琴制風木吟洪武初學士危素薦爲太子說書仍爲翰林編修使交阯回除工部員外辭轉丞澠池陞知葉縣終陝西布政使著有史纂四書詳解三禮纂要書海通辨左氏鉤元交山集迂論南征錄葬杭州西山無子正統志

王孚字宗孚山陰人元蘭亭書院山長中元第五子孝友渻樸動遵禮度爲後進儀表以先世有田廬在菱湖元季不靖同昆弟渡娥江寓焉杜門畏影名詩集曰山林餘興

晚年益敦友愛與弟宗尹吟哦自怡相繼而終俱無子正統志

邱鐸字文振祥符人御史中丞劉基弟子元至正末父誠爲湖廣儒學提舉鐸侍母馬避地四明已而父至自武昌鐸賣藥給親無何母弟鈞任上虞巡檢與父母同赴官母疾鐸晝夜泣禱及歿哀痛幾絶卜葬鳳鳴山之原結廬墓側朝夕上食如生時當寒夜月黑鐸恐母岑寂輒巡墓號曰鐸在斯鐸在斯其地多虎聞鐸哭聲輒避去人稱爲眞孝子據續藏書孝義名臣邱鐸傳纂

韓廣業字子有其先盧龍人隨父鵬南宦遊至浙奇陳元暎詩文渡曹娥江訪之遇於逆旅遂偕之虞家焉一日其父友遣蒼頭以千金及少妾爲託讀札畢曰千金小事也所難者少妾耳後五年父友遣前所遣者來曰願以千金爲壽卽還少妾廣業笑而啟扃請少妾出發牀下千金自若蓋少妾臥室已扃五年諸飲食牏厠之事皆其妻任之至是始啟以金與少妾付蒼頭去明季多聲氣之學復幾諸社唱和者率數千百人廣業力安義命所交如紀伯業譚佐羽皆枯槁寂寞之士嘗慨涵史名山藏諸書未詳備

推廣搜益自成一書多至五百餘卷詩力追唐音大歷以後即東庋不觀其集多散佚子玉儉孫雲別有傳嘉慶志列文苑

何治仁字文治山陰人少志濂洛之學天性孝友樂施與居親喪七日水漿不入口三年不茹葷生平未嘗道人短著史衡太平金鑑易解鑄閣草消病集囈吟逸編領歲薦即絕意仕進樂古虞西里山溪之勝挈妻子家焉學者稱靖菴先生子嘉祜別有傳李府志見補稿

李長祥字研齋四川達州人崇禎癸未選庶常已而北都亡南中又潰起兵浙東魯王監國加右僉都御史督師西

行而七條沙之師潰王浮海長祥以餘衆結寨上虞之東山時浙東諸寨林立監軍華夏請引翁洲之兵連大嵐諸寨以西向奉長祥爲盟主刻期將集鄞謝三賓告之 大兵急攻東山前軍章有功驍射善戰被擒不屈死於是檄得長祥者受上賞長祥匿入紹興城遁至奉化依平西伯王朝先時長祥寄孥上虞之趙氏相傳寨潰長祥已殪妻黄氏聚其家人謀共死有僕婦曰文鸞黄婢也言夫人當爲公子計以存李氏願以婢子代夫人鳳吾女代公子俟死於此黄泣曰安忍使汝代我死曰小不忍最害事速驅

之有羅吉甫者游長祥門下至是奔至曰夫人公子則我任之黃抱子畝拜吉甫且拜文鶯甫出門捕者至以文鶯去吉甫知朝先長祥媚也以夫人母子往長祥已先在已而翁洲衞張名振襲殺朝先長祥僅而免辛卯翁洲又潰長祥亡命江淮間復南下百粵天下大定始居毘陵據結埼亭集外編及李研齋行狀纂

國朝

何嘉祜字子受治仁子生而秀挺工文字方國安潰兵東掠嘉祜奉父以避追及刃揮其父嘉祜承以膊號而求代

俱得免遂僑居上虞父病再刲股順治丁酉舉順天副榜授江西奉新知縣自金聲桓後亂者相踵嘉祐度險易分建四部鉤連屯陣縣界遂安抑豪右清占田招流亡給牛種不一二年戶口殷集丙午旱饑出俸貲以賑全活萬計又相土宜樹桑麻桐漆栽溉皆著成書刊示鄉遠仍立法董勸漸成富饒擢戶部主事白尚書免江南民欠百餘萬累陞郎中改湖廣道御史巡視河東鹺政卒於官年五十九

補稿引邵廷采思復堂集

褚維垣字子方餘杭人咸豐庚申避兵來虞居城西就父

執友許教授正綬問學冬夜偕兄及子姪與許氏子若孫聯吟因兩家叔姪七人名其集曰小竹林其姪成亮後成進士惜不永年維垣嘗遊鳳鳴諸山多有題詠遺詩四卷一爲始寍草居虞時作也後館驛亭經氏辛酉冬粤匪陷虞城維垣渡海之滬以儒服理戎事乙丑浙省敘平司訓黃巖爲台守所器重旋以同知需次北河署邢臺縣令次年受代卒據行述新纂

方伎

孫溪叟南北朝　趙才魯宋　貝元瓚元　范應春

袁子初　謝表　周一龍　李茂蘭

顧琳　黄超　葉煥　徐魯得

以上明謝彬

王國器　徐觀海　謝翀　胡墉　陳方國　錢曰濬

李爍懿　許鳳麟　俞廷颺　姚鳳翥

謝潮

夏聲　王詰　徐三庚　以上

本朝

南北朝

孫溪叟案劉敬叔異苑作溪奴　多諳幻技元嘉初叛入建安治中後出民間破宿疾治人頭風流血滂沱噓之便斷瘡又即斂虎傷蛇噬煩毒垂死禁護皆差向空長嘯則羣雀來萃夜

呪蚊虻悉皆死側至十三年乃於長山爲本主所得知有禁術慮必亡叛枷鏁重複少日已失所在嘉慶志○案吳淑事類賦引此作上虞人家有奚奴多方術

宋

趙才會宗室裔安貧業儒嘗遇異人得禁方醫有奇驗邑尹林希元病潮熱數日或謂宜下才會診之曰下非宜療以小柴胡湯而愈病得之中寒蓋陽明旺申酉少陽旺寅卯卽今熱不潮於日晡而於日出少陽證也嘗出遊見人卒死道旁四肢逆冷而氣走腹中如雷曰此尸厥也取焰

硝硫黄煎以清油候冷灌之復焫百會及丹田其人漸甦

鄉人倪敬之病欬嗽微熱眾以爲感寒投杏子湯加劇才魯曰此肺疽耳服以桔梗湯不三日嘔膿血一升許又進大蘇散熱除而愈高唐盧廷舉館才魯所忽口鼻出血如湧泉才魯曰是營血妄溢也屑人參側柏葉用飛羅麪和之服以井華水其血旋止高陽許孟貞病夜發潮熱者三浹旬肌瘦力弱眾以虛勞峻補之才魯診之曰脈洪而實此特內熱耳不當補飲以承氣湯大下而熱去范陽盧用中子年七歲身病灼熱而欬嗽或診其脈一呼得四至以

爲奪精也質於才曾才曾曰越人有是言豈爲小兒哉小兒脈一呼三至四至適得病耳病得之外傷身灼熱者表邪漸傳於裏也欬嗽者肺爲寒淫所勝也宜用小茈胡湯去人參大棗加五味子乾薑主之如其治而病良已其治病類如此謝元功嘗序其事嘉慶志兼趙氏譜

元

貝元瓚字彥中宋簽判欽世七世孫承父良友官醫學教諭世家北門慈仁愷弟範維宗黨以醫活人咸呼爲存仁先生子望望子宗璡俱爲醫學訓科正統志

明

范應春少負奇氣嘗自計曰匹夫而欲濟人利物無他術惟醫藥乎乃徧讀岐黃家言遂以醫名世尤神於望切一日途遇姻親辪文龍驚曰公病劇奈何辪曰固無恙也應春就其家診之陽爲好語密屬其子曰而翁臟脈已絕特浮陽在外耳夜半當疾作及晡而逝可亟治後事已而時刻不爽有按院行部至虞稱病不言所以衆莫曉應春曰無他病祇夜遺耳安神保元自已院駭曰胡神哉又問曰富貴中人豢養安逸然多疾病窶人日勞筋骨奔走衣食

而鮮病何也對曰戸樞不螻流水不腐應春醫類有神驗然有求輒應不計其酬取董奉種杏故事自號杏莊有杏莊卷藏於家萬歷志

袁子初字叔言流寓江西寫梅得王元章法花多㓻白不甚繁乾隆府志引戴志

謝表少習舉業既而業醫能望而決人生死邑人劉姓患痘不起將棺殮謝曰此火證也急以水澆其面作咿吾聲仍取水灌之痘卽分串纍纍起嘗家居見媳從前過謂其子曰汝婦神理已絕明年此時當不復有矣竟如其言有

婦難產諸藥靡效謝以升麻人參前胡各五錢投之卽下衆問其故謝曰此胎走歧路而氣下陷也用升麻以提之參則佐其氣前胡活其痰耳久客廣德人咸稱謝一帖又曰謝半仙得酬卽貸人一日置酒集諸交游話別衆以爲癡謝曰吾欲決人生死而不能自決邪取諸所貸劵火之抵家其叔曰試爲我一診曰同行自見不數十武謂叔曰當先姪十日叔訝未之信後刻期不爽人以爲秦越人復出焉萬歷志

周一龍字五雲邑庠生幼精舉業一夕夢神授以祕術遂

習岐黃，多所救濟，善知人生死。性好施與，賑施貧乏，服劑不取其酬，邑中稱良醫云。後李茂蘭習其術，亦以醫聞。嘉慶志

顧琳，號雲屋，仕知州。教書政治之暇，常游戲繪事，爲世所重，尤善墨山水，嘗試御殿，稱儒畫。畫史會要兼顧氏譜，見萬曆志。○案正統志入列傳。

黃𧺆，字斗華，博學善弈。時神宗好手談，大璫欲引之入見，特使宣召，𧺆忽遁去。嘉慶志

葉燠，字士和，有豪俠氣，善棋。不屑邊隅小著，局面擴大，有凌厲中原之意，又能察脈絡，營

衞陰陽調劑之術得靑囊遺意別號華岳山人精大小篆文鐫刻金石章古雅絶倫據江之濱撰傳新纂

國朝

謝彬字文侯隨父居杭少從莆田曾鯨遊授寫眞法得其意態眉目如生兼善畫山水及漁家圖淸超絶塵人多珍之子廷璋能得其傳時有夏若徐蘭茹者亦以工書稱嘉慶志兼杭州府志○案乾隆府志引畫徵錄朱彝尊云謝彬沈韶徐易張遠學曾鯨氏而有得者也方其未得若膠其中而不釋及其既得於心若飛鳥之過目其形之去我愈遠而神愈全又圖繪寶鑑云彬善寫小像一經彼筆世無俗面至數人合幅神情浹洽海內稱首望焉均與傳意相類

徐魯得字應速諸生貫穿理窟著四書辨疑二十四卷竝覽醫家言闢俗說之謬著温熱心書十卷施藥濟貧無子以兄英子鳳翥爲後英能詩善書法平素嫉邪秉正以禮自持鳳翥篤孝友工詩古文詞晚尤邃於易嘉慶志列文苑

王國器字君鼎國學生康熙四十一年抱瘴疾篤見黑面神授以藥曰飲之當立愈審厥象蓋總管神也後精痘科治危症若神出痘前三日能決人生死遇貧乏者具藥送之不索值晚年手鈔一書博采前人精義附以心裁名痘科私存雍正間歲饑煮粥里廟以濟餓者繼以稱貸全活

甚衆（見嘉慶志義行兼據采訪冊）

徐觀海字袖東乾隆庚辰舉人官四川知縣進秩司馬僑居錢塘工籀篆行楷寫生有逸趣尤長蘭竹著述甚富蒲褐山房詩話稱其詩清遠閒放似其爲人（據墨林今話補纂）

謝翀善書法人爭搆之同時有陳志學王維屏陳廷楷謝昺朱勖亦以工書稱（嘉慶志）

胡墉字登士諸生性孝友居有懶雲書屋與昆季嘯詠無閒尤工醫陳方國精岐黃術活人無算旁縣咸賴之時人爲之謠曰病勢篤見方國同時有錢必宜錢清時俱諸生

專女科嘗施藥以惠貧乏均見嘉慶志

錢曰濬字心泉邑諸生通奇門遁甲之學不輕語人尤精地理【盜】郡士大夫多從之游有延之者但勸以勿停葬勿惑吉兆著有堪輿精言等書經亂多散佚孫愛蓮亦精地學據採訪冊

李爍懿字暈巖邑增生博學善青烏諸術尤精於醫人呼爲李半仙晚年以醫藥濟世活者甚眾許鳳麟幼得異書精外科能望而察病一日至姚邑販牛適主人子患喘急諸醫以爲瘵鳳麟從牖窺之曰此肺癰也可奏刀矣諸醫

大駭其家求治卽刺其脇取膿數升而愈主人德之卽以二千酬焉道光間東鄉宣律祖專以醫名亦多奇效據采訪冊

俞廷颺號半農邑諸生以詩酒自娛題詠立就不留稿好畫蘭遇粉壁輒放筆塗其上有貴客賞之畫名始震又姚鳳翥精繪菊蟹尤善以指墨畫龍虎鷹熊四巨幅每點睛必注目移時得其神趣人多珍之謝潮字國柱仕兩淮鳥沙巡檢亦以畫名尤工繪士女均采訪

夏聲字承韶幼穎異有大志聞英夷搆釁投筆歎曰習此雕蟲技腐儒耳遂棄舉業鍵戶讀韜略旁涉星卜遁甲奇

門家言及[盜]郡陷告戚里曰吾夜占星象災不及斗分越斗分也惟姚邑不免然亦不爲害後如其言嘗夏夜觀星喟然曰蚩尤已見二十年後當有兵劫蓋應在粵賊也采訪

王詰號蘭峯少孤事母孝善繪寫意人物中年遊楚南時相國官文方督兩湖微服出遊見而奇之邀襄營務詰受事而不受官後在武昌建仙棗亭著衲衣隱居自稱衲衣翁旋監修黃鶴樓又於漢陽渡口立霽雲亭復遊湖南嶽麓立會仙亭至洞庭立留仙亭見兩湖省志何子貞太史贈聯云閒雲野鶴自來往沅芷澧蘭無古今性淡泊出入名場

二十年不受祿仕以畫自給筆資有餘兼周貧乏素畜一犬與同臥起嘗合繪求喫圖題詠殆徧光緒戊子聞邑水災募賑二千餘金次年秋在漢口無疾終年七十七歸葬梁湖 據采訪

徐三庚字辛穀世居南鄉象山嘗繪象田貽穀圖見志工篆隸尤精撫刻金石文字凡書畫家圖章多出其手名動公卿先後爲徐學使樹銘楊撫軍昌濬連將軍成幕賓别號金罍道人有似魚室印譜行世 據采訪冊

仙釋 案舊志有此一門所載事迹多涉怪誕不可信緣相沿已久姑存之

魏伯陽　涫于斟　翼　徐太極　葛元漢以上

劉綱吳　曇猷　葛洪晉以上　曇隆　樓靈璨

陶宏景　魏道微　以上南北朝　孔莊葉三女仙

清晝唐以上　法慈　慧皎　梵卿

了演　咸潤　且庵　妙義　自得

妙智宋以上　方巖　嗣特　志廉　懷實元以上

大同　岱宗　雨和尚　如清　慧宣

朱孝思　潘勉之　黄裳　王昌二　查仙明以上

碧雲　石銘　智坤　夢覺本朝以上

漢

魏伯陽博習文詞通諸緯候修眞養志將弟子三人入山煉丹丹成試弟子曰丹旣成服之卽死有一弟子曰吾師非凡人也服此而死將有意耳乃服丹卽死餘弟子不服共出山求棺伯陽卽起將服丹弟子去案傳燈錄弟子三人汝南周燮南陽馮艮虞巡服丹者虞巡也因逢人入山伐木寄書謝二弟子作參同契五相類凡三卷其說似解周易實假爻象以論作丹之意今縣治西南金罍山尙存修煉遺蹟云正統志兼萬歷志○案元眞錄伯陽眞人名篤字恪齋別號雲霞子道號伯陽先生備稿引唐順之史纂左編魏伯陽上虞人世襲簪裾惟公不仕會志

虛無不知師授誰氏得古人龍虎經盡獲妙旨乃撰參同契皆舊志所未備

湻于斟字叔顯桓帝時作徐州縣令靈帝時大將軍辟掾少好道明術數服食胡麻黃精後入吳烏目山中注參同契案眞誥云隱居遇仙人慧車子授以虹景丹經修道在洞爲典柄執法郎又湻于翼字叔通邑長度尚嘗訪之後舉方士爲洛陽市長稱太極仙侯萬歷志。案二人舊列方伎今改正

徐太極邑人少從左慈游得相術遊行天下麓牀道士解去士符贈之道術愈高至荊州諸葛豐出三子令相太極指其一曰神仙中人也蓋卽亮時年八歲光和六年己巳

也先是桓帝時丹陽葛孝先游天台從之學相據傳燈錄補纂。案相術應列方伎因葛仙公傳中有太極徐眞人語特列此又四明山志云刁道林司馬紫薇曰四明山洞在越州上虞縣眞人刁道林治之眞誥曰龍術字伯高京兆人後漢從仙人刁道林受胎氣之法應續宋又案三國志諸葛亮漢城門校尉豐之後父珪字君貢亮早孤隨從父至荆州依劉表是豐乃遠祖亮在荆州時父已歿又亮卒於建興十二年甲寅年五十四計距光和六年癸亥時年甫三歲非八歲亦非己巳傳燈錄均誤

葛元字孝先丹陽句容人從左元放受九丹金液仙經常服餌求長生據嘉慶志增入選蘭芎之勝以事修煉時有人漂海隨風至神島授以一函題曰寄葛仙公屬曰汝歸會稽爲我達元由是皆稱仙公世以爲仙翁光和二年正月朔仙

公於上虞山感太上遣元一三眞人太極徐眞人授以三洞四輔經籙修眞祕訣金書玉諾符圖又命王思眞披九光玉韞出洞元靈寶經典七品齋目勸戒法輪無量通元轉神入定等經以授公後尸解陶隱君爲仙公銘曰馳涉川嶽偃蹇蘭芎今近顧墅灘有葛公山其中石室如冢相傳葛公葬處旁有石凹石銚洗藥溪水清徹底有石磊磊如丹砂萬歷志○案嘉慶志誤列爲晉人

吳

劉綱爲上虞令與妻樊夫人俱有道術嘗與樊較綱唾盤

中成鯉樊唾成獺食之綱作火燒客碓屋樊禁之火卽滅
共入四明山路阻虎綱禁之虎不敢動適欲往虎卽鬬之
樊徑前虎不敢仰視乃以繩繫虎每試綱輒不勝將昇天
綱昇樹數丈方飛舉樊平坐冉冉如雲氣騰上後唐貞元
中湘潭有一媪不云姓名但稱湘媪依人舍十餘載以丹
篆字救疾莫不應鄉人爲搆堂奉媪媪策杖曳履日可數
百里里人女名逍遙者年二八遇媪欣然稱弟子從媪往
父母追及叱而返逍遙屢自縊父母度不可制遂捨之復
詣媪但掃塵易水焚香讀道經而已後月餘媪白鄉人曰

某暫之羅浮扃戶愼勿開也鄉人問逍遥何之曰同往如
是三稔媪歸召鄉人啓扃見逍遥瞢坐媪以杖叩地曰吾
至汝可覺逍遥如寐醒起將欲拜左足忽墮媪拾足接膝
噀以水如故鄉人大驚敬之如神忽告鄉人曰吾欲往洞
庭救數百人命誰爲設舟里人張珙駕舟送之至洞庭前
一日有大風濤撼一巨舟撞君山島而碎所載百餘人奔
島上忽一鼉長丈餘遊沙上島上人撾食其肉明日有城
如雪圍島俄頃城漸窄束百餘人不得掙扎所帶囊橐皆
爲齏粉勢甚急咸惶怖號叫媪舟至遂登島拔劍步罡噀

水飛劍刺之有聲如霹靂城遂崩一白鼉蜿蜒而斃人咸泣謝返湘潭有道士與媪遇曰樊姑爾何處來拱詰之曰劉綱眞君之妻樊夫人也後媪與道遥一時返眞（正統志兼萬歷志）。案劉綱舊列仙釋今分見名宦

晉

曇猷興寍中騎牛從西入太岳中遇一嫗問途忽有負嫗而投諸淵者猷飛錫救之水立涸今乾溪牛步皆其故蹟也方誦經有猛獸巨蟒交見猷不動後有神詣猷遜謝願他徙鼓角淩空而起遂不見曇猷尊者即白（或作帛）道今遂

稱白道猷嶺與潭云其下龍堂有尊者廟萬歷志

葛洪字稚川仙翁從孫以儒學知名性寡欲好神仙導養之法初仙翁以煉丹訣授弟子鄭隱洪就隱學悉得其法咸和初干寶薦洪才堪國史王導選爲散騎常侍固辭不就聞交阯出丹砂求爲句漏令乃止羅浮山煉丹著內篇一百一十五篇皆言神仙黃白變化之事號抱朴子嘗修煉於虞太平山有煉丹石方數丈又有石如凹如釜年八十一尸解色如生正統志萬歷志兼晉書。案正統志引輿地志上虞蘭芎山乃其棲隱地

南北朝

紹興大典◎史部

曇隆少善席上晚苦節過人爲謝靈運所重没後執筆爲誄嘉慶志補又有樓靈璨字德素早年祝髮東山寺更名惠約沈約一見以爲道安慧遠無以尙之據義烏縣志

陶宏景字通明丹陽秣陵人十歲得葛稚川神仙傳便有養生之志齊高帝作相引爲諸王侍讀永明中脱朝服挂神武門上表辭禄賜束帛月給茯苓五斤白蜜二斤以供服餌止句容句曲山第八洞宫名金壇華陽之天周迴百五十里號華陽隱君與梁武帝有舊及卽位書問不絶冠蓋相望給黄金硃砂等物後合飛丹色如雪服之體輕帝

益重之國家有大事無不咨詢日常數往時謂山中宰相性愛松風庭院多植松每聞其聲欣然以樂大同二年年八十五無疾逝謚貞白先生邑南有象鼻洞下有川曰釣川常垂釣其上正統志萬歷志○案正統志引內傳云先生嘗退遁東邁改名王整官稱外兵會稽有陶晏嶺遺蹟又上虞釣臺山夏侯曾先地志言乘楂釣於山下之潭邑人魏道微相傳爲好道仙去今邑中有其墓又云道微得法於謝安山據備稿引於越新編

唐

孔莊葉三女仙天寶間往武彝學道棲天柱峯下一日遇

大姥元君授以丹訣令往東南尋雲虚洞至君峯果得仙洞遂煉丹焉宋治平間有江公者至山中深入忽有洞府曰雲虚之洞中有朱牌金字題曰太素孔元君太薇莊元君太妙葉元君有仙童引入款以胡麻飯江辭歸因語其詳比至家已三載矣萬歷志引武彝志

清晝字皎然宋謝靈運十世孫有詩名居吳興興國寺與刺史顏眞卿諸名士酬唱與譔韻海鏡源著儒釋文非傳及經典類聚四十卷萬歷志引浙江通志

宋

法慈長慶寺僧能棋善談論平居簡出庭有花竹泉石士大夫多遊焉嘉泰初忽謝客閉門會其童辭往行在所請給僧牒法慈語宜速回及旋方盛暑令左右速具湯沐易衣端坐其徒往視之目將瞑亟呼和尚幸自得恁好何不留一頌子曰我今寫不得嗣師云某當代書乃云無始劫來不曾生今日當場又隨滅又隨滅萬里炎天一點雪語僅脫口而逝寶慶續志兼正統志

慧皎未詳氏族邑人學通內外博訓經律住嘉祥寺撰涅槃義疏十卷及梵綱經疏行世又以寶唱所撰名僧傳頗

多浮沉遂著高僧傳一十四卷并自序之○據續高僧傳案府志作出家會稽嘉祥寺春夏宏法秋冬著述後不知所終

梵卿出嘉興錢氏案據四明山志旣受具入天台之東掖山謁法眞大師論經王義法眞歎曰子得元妙於心相之外更衣謁長蘆秀禪師未契卽往投子山謁青禪師居三年青示寂遂往東林謁照覺總禪師從容問答心凝神釋遊鍾山居第一座入室常數百人結菴徑山菖蒲田住秀之海慧溫之靈峯移越之象田象田久廢至梵復興爲名刹嘉泰會稽志兼正統志

了演少依東山廣化聽秀禪師夜參即有省發徧叩諸方不契徑趨衡陽投大慧禪師宗杲一見器許杲謂其徒曰若輩如鍼刺窗紙微見光影耳演乃一蹋鴻門兩扇開者也自臨安崇先移住象田繼移靈隱嘉泰會稽志正統志

咸潤邑人姓鄭九歲祝髮於上福寺案即等慈越七年遊天台觀智者佛隴因灼臂以禱願習教院觀法遂越江抵錢塘依會法師講席究天台法得其奧景德中邑令裴煥請演教於等慈寺後徙隆教永福二院所至聽法者動以千數得法成名者二百餘人皇祐三年四月忽與友語別趺坐

而化遺塔在等慈寺東廡之北正統志○案嘉泰會稽志師能詩有五泄山三學院十題編於掇英今會稽永福寺有受業弟子碑

且庵名守仁姓莊受具於等慈寺僧妙晞初習南山律未幾徧詣禪林遂悟宗旨七住名山道譽甚高在長蘆屬歲歉衆逾五百雖折牀空甑不忍去其爲學徒傾慕如此有且庵語錄行世正統志○案且庵邑人事詳五燈會元

妙義少歷方外晚住邑之象田寒暑一衲不易紹熙元年三月與鄉人語別書偈趺坐几上見三昧火自焚而几不壞正統志○偈曰來若一輪皎月去亦秋空無別本無來去若爲通片片楊花飛白雪

自得邑人姓張名慧暉早歲入澄照寺時宏智覺禪師主天童法席師參左右密授心印嘗撰六牛圖頌以見意住雪竇三十年道聲益著後住淨慈寺孝宗召見奬曰眞道人越三年復歸雪竇未幾圓寂正統志○四明山志慧暉嗣天童覺法紹興七年開法補陀歷萬壽吉祥雪竇淨慈淳熙七年歸明州時法恭主雪竇言於范大參讓之十年示寂窆於重顯塔右

妙智名志遠姓呂餘姚人年十七受具於等慈寺徧遊諸方參聽天台宗教嘗講於朝錫師號爲會稽講席之冠諸名公愛重之修院宇鑄洪鐘又琢石甃縣西塘路二十餘里及畀田五百餘畝爲修造費詳殿側石刻年七十終前二日

手筆遺偈經五日荼毗烈焰中齒根不壞其徒收遺骨建塔於西湖南庵正統志兼康熙志○案乾隆府志引萬歷志李光陳橐張轔趙不搖諸公皆愛重之嘉慶志列元時誤

元

方巖名懷則案嘉慶志誤作維則邑人宋景定間祝髮澄照寺銳意參學往天竺諸寺究尋智者教觀洞明心地四十餘年悟觀音妙辨元至元中朝旨賜興教大師出世天台白蓮寺學者雲集十年退休杭州南竺高麗王子聞其道附書相邀以年老辭後住杭之大圓覺寺年八十餘書偈而逝有

天台四教儀要正行於世正統志○沈奎補稿云與泰字行己邑人平生苦學內外典靡不研究尤工詩母老無託乞食以養趙子昂見其冷泉亭詩嗟賞由是知名

嗣特號借庵姓羊邑人年十三祝髮師化度寺僧梵如負笈從智交律師習毘尼學主禪慧臨安帥張杓補充臨壇都宗主後住德清永興歸無疾而逝年八十三荼毗分半舍利塔瘞正統志引行狀碑刻

化度寺僧志廉晚節一意西方慶元秋八月書偈別衆曰我夢見阿彌陀佛大衆圍繞說法諸上善人須專修淨業往來我國遂向西作禮趺坐逝正統志

懷寶任氏子受經於會稽澄心寺師以其魯鈍令赴壽昌

寺習禪定百日期滿果心神開朗寺欲建佛閣令往天台伐木遠不能致卽於山中朗誦大悲咒以芝蔴一升記之垂盡夢山神告曰師第還吾當助力約日令候塘角郁江岸懷實如言還寺衆嗤笑之至期大風雨果漂所伐木至閣遂成塘角郁江岸屢崩懷實築塔其上潮遂不爲害年百有二無疾逝嘉慶志

明

大同字一雲姓王氏受戒會稽崇勝寺會春谷講經景德大同往依之獲授五教儀元談二書又謁懷古肇師受四

種法界觀頓覺義趣消融尋出錢塘謁佛智熙禪師於慧日峯得其指授者六年俄上天目山禮普應本禪師普應爲贊淸涼像遺之乃喜曰吾今始知萬法皆本一心不識孰爲禪那孰爲教乘內外自此空矣天歷初選住景德尋改寶林元末大亂退處瞻博迦室洪武元年設無遮大會於鍾山詔集闕下入見武樓獨免拜跪之禮且命善世院護視之次日復召見問佛法大意賜食禁中及還賜白金明年示疾書偈端坐而脫據宋濂撰同公塔銘兼嘉慶志○案嘉慶志列爲元人今攷大同膺洪武召應改入明

㑒宗名必泰號佛幻叟姓孫邑人幼從余杜猷學受具等慈寺嵩岳雲從噩夢堂禪師究竟宗學又從縣尹林希元學古文辭始住東山國慶寺累遷徑山退休等慈年九十六圓寂著有金湯編正統志　案林希元元時尹㑒宗年至九十六已入明代故列明

雨和尚長慶寺僧也明初赴縣祈雨懷中取火自焚大雨如注後送棺回寺雨隨至人號雨和尚葬鳳山造塔其上萬曆志

如清字法源姓阮氏入雲棲從蓮池大師受具銳志誦法華萬曆十一年將入滅蓮池為集眾念佛如清聞佛號起坐合掌而逝嘉慶志

慧宣名宜容邑八言辭爽達方國珍見而奇之强之帳中欲用之辭弗克乃祝髮宵遁隱居天目山寺明初遊武林諸刹與賢士大夫往還後歸虞結茅於宅後山巔嘯詠徜徉至天順間示寂據沈奎補稿

朱孝思以明經徵辟爲國子監學錄陞燕府紀善日以忠孝勸講未幾乞身歸養聞靖難兵起遁入能仁寺爲僧南游天台妻孥俱隱不知所終後成祖於谷府中得孝思通書禍及滅門僅一遺孤在外焉據五夫里志增纂

潘勉之由徵辟爲太常卿有道術能以符咒召神將一日

無事召神隨至無所處分神怒擊其首流血被面遂成瘡不愈後每召或不應以瘡痂置爐中神即至邑人稱爲潘爛頭云萬歷志

黃裳字丹霞由天台居虞丰姿玉立善詞章習張即之字挾五雷法遇旱暵祈禱輒應年八十六終葬九峯西山正統志

王昌二讀書通大義尤喜讀葛洪神仙傳一日忽登牀僵臥其妻金驚怖失措以薑乳灌之起頓足罵曰汝死吾弟矣金不解其故越三日凶問至則其弟昌三渡錢江竟葬江魚腹中意其僵臥時正神馳救弟也家貧貸里中幾徧

約以傭工償會芒種同日邀者四五家俱允諾比曉披苧蒲著犢鼻袴出門金尾之見在甲家飯金恐乙怒往慰藉之則又在乙家飯尋閱四五家咸然金嗟呀而返晚詰其故曰吾不可復留人世矣郎端坐而逝蓋昌二入世數十年而人不知其爲仙也至是邑里喧傳咸醵金設像於關帝祠左个祈禱輒應嘉慶志

查仙失其名亦不詳其世縣東一都有二湖查嘗居之後遂名二湖爲大查小查嘉慶志○案明姚輯有查湖歌云仙成已去千餘年至今湖上名猶傳則雖不詳其世不應列明代以後矣今附此

國朝

碧雲姓趙名甸南字禹功性耿介明時倪文貞能汲引有欲爲介者持不可詩在嘉州右丞間工書畫甲申後棄諸生業爲僧已復授經書畫以易衣食顧亦不甚惜據備稿引輶軒錄蔣嶟撰

傳略新纂石銘邑東門車氏子早歲從軍隸平西王吳三桂麾下屢立戰功後見吳有異志亡入南海爲僧善吟詠據謝輯上虞詩集纂

智坤字若愚邑魏氏子髫齡棄俗稟具天童悟和尚嗣茶名宿勤修淨業晚歸郁溪之眞覺院年八十卒以偈付後

有如今相別還相委去路逍遙空不空之句補稿據惟一語錄○補稿云惟一緱城童氏子幼薙於天台山通元寺通曉義理主寶泉寺方丈著有惟一語錄五卷

夢覺姓錢號三山幼工詩長遊天目山遂披薙居明因寺持戒甚嚴足跡不輕入城市客與之談詩則竟夕不倦否則瞑坐而已著有有成集據謝輯上虞詩集兼采訪冊纂

上虞縣志校續卷十五　列傳十一

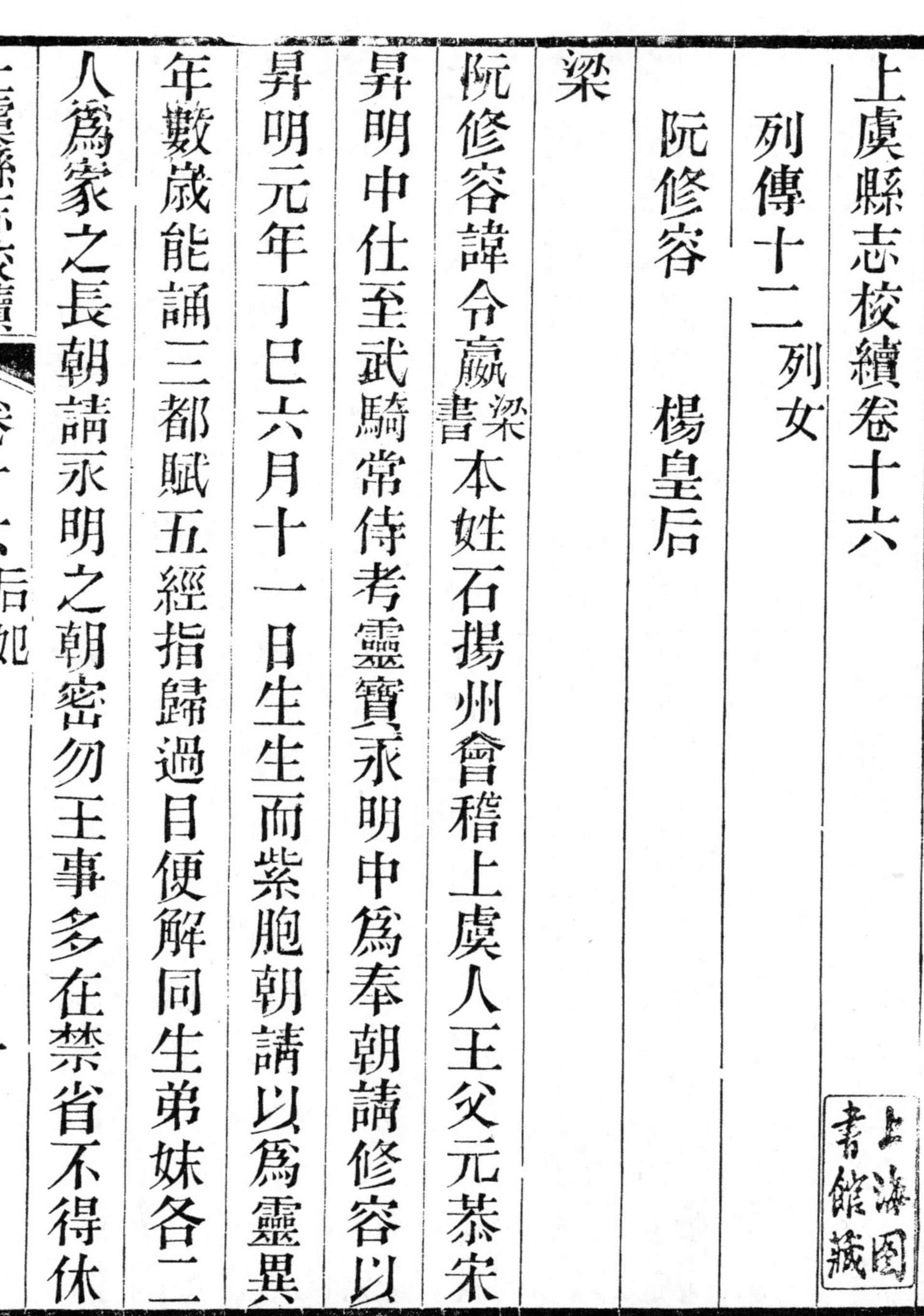

上虞縣志校續卷十六

列傳十二　列女

阮修容　楊皇后

梁

阮修容諱令嬴梁書本姓石揚州會稽上虞人王父元恭宋昇明中仕至武騎常侍考靈寶永明中爲奉朝請修容以昇明元年丁巳六月十一日生生而紫胞朝請以爲靈異年數歲能誦三都賦五經指歸過目便解同生弟妹各二人爲家之長朝請永明之朝密勿王事多在禁省不得休

上海圖書館藏

外處分家計專以仰委號爲女王拊循弟妹閨門輯睦隆昌元年齊世祖因荀昭華薦以入宮及建武之時金樓子始安王遥光納焉遥光敗入東昏宮南史梁書同建康城平爲武帝采女在孕夢龍罩其牀天監六年八月生元帝於後宮是日大赦尋拜爲修容賜姓阮氏南史先是丁朝請之憂毁瘠過禮見者不復能識母陳氏繼而艱故攀號慟絶殊不勝哀乃刻木爲二親之象朝夕虔祀每歲時伏臘必隨涙下後隨元帝歸會稽原作隨繹歸會稽或謂衣錦歸鄉古今罕例詢求故實贍䘏鄉黨扶老攜幼並沐恩獻修容勤營功德

恒事賑施又躬自禮千佛無隔冬夏京師起梁安寺上虞

起等福寺（即等慈寺）在荆州起禪林祇洹等寺潯陽治靈耶嚴

慶等寺大同九年（南史梁書並作六年非）癸亥六月二日庚申薨於

江州春秋六十七（金樓子）其年十一月歸葬江寧縣通望山

謚曰宣元帝即位有司奏追崇爲文宣太后還祔小廟承

聖二年追贈太后父齊故奉朝請石靈寶散騎常侍左衛

將軍封武康縣侯母陳氏武康侯夫人（南史○案南史梁書並作餘姚人金樓子作上虞人子述母事宜無不確且虞地建等福寺即令之等慈寺不於餘而於虞尤爲虞人之確證又南史梁書並云大同六年薨不著生年金樓子則生於昇明元年丁巳薨於大同九年癸亥紀敘分明更爲可據）

宋

楊皇后少以姿容選入宮忘其姓氏或云會稽人慶元元年三月封平樂郡夫人三年四月進封婕妤有楊次山者亦會稽人后自謂其兄也遂姓楊氏案正統志后父名漸明德觀即后故居也五年進婉儀六年進貴妃恭淑皇后崩中宮未有所屬貴妃與曹美人俱有寵韓侂冑見妃任權術而曹美人性柔順勸帝立曹而貴妃頗涉書史知古今性復機警帝竟立之嘉定十四年帝以國嗣未定養宗室子貴和立爲皇子賜名竑史彌遠爲丞相信任於后遂專國政竑漸不能平

彌遠懼誤蓄異志欲立他宗室子昀爲皇子十七年閏八月丁酉帝大漸彌遠夜召昀入宮后尚未知也彌遠遣后兄子谷及石以廢立事白后凡七往反后始不可既而召昀入拊其背曰汝今爲吾子矣遂廢竑爲濟王立昀爲皇子即帝位尊皇后曰皇太后同聽政寶慶二年十一月戊寅加尊號壽明紹定元年正月丙子復加慈睿四年正月后壽七十帝率百官朝慈明殿加尊號壽明仁福慈睿皇太后十二月辛巳后不豫詔禱祠天地宗廟社稷宮觀赦天下五年十二月壬午崩於慈明殿壽七十有一諡恭聖

仁烈宋史

曹娥　孟淑　孝婦包全女已上漢

謝道韞晉　朱娥　楊妹子　王術妻已上宋

馮夫人　柳氏二節　顧圭妻已上元　賈貞女

潘景鏞妻　俞宗琳妻　賈章妻　羅明二妻

盧氏二節　劉禧妻　張廷揚妻　趙昕六妻

葉廉妻　曹氏二節　盧憲章妻　孫景雲妻

陳大純妻　韓氏二節　陳氏三節　羅女

葛璋妻　許女　唐氏二節　成孟吉妻附蕙妻

徐彥能妻　徐彥明妻　鍾强妻　徐子瑾妻
謝鍔妻　丁詩妻時附妾　徐廷仁妻　車廷珏妻
車暐妻　姚守約妻　葛棐妻　朱棣妻
嚴鵠妻　顧院妻　范近南妻　竺氏三節
劉鳴陽妻　陳宏兆妻　范廣瀚妻　徐郡妻
徐娥　徐萬選妻　陳孝女　孫夫人
徐希明妻子如山妻　孌女　姚淑人
徐振德妻　竺四妻　俞溥二妻　許成義妻
葛承憲妻　趙則乾妻　周國光妻　徐啟聰妻

林夸妻　黃綵妻元孫婦馮氏附　陳尙禮妻
鍾省一妻子鳴岐妻　陸允純妻　羅繼誠妻
顧允省妻　袁同八妻　徐秉端妻　唐應奎妻
徐氏二節　劉氏二節　褚宜人　徐氏三孝婦
謝奎妻　徐國泰妻　宋大賓妻　丁氏三孝婦
王夫人　俞夫人　鄭振生妻　趙德遴妻
李浩然妻　鄭慧瑩　陳士顯妻已上明

漢

孝女曹娥者上虞曹盱之女也其先與周同祖盱能撫節

按歌婆娑樂神漢安二年五月五日迎伍君後漢書作迎婆娑神困學紀聞曰迎婆娑神訛也逆濤而上爲水所淹不得其屍曹娥碑娥年十四沿江號哭晝夜不絕聲旬有七日後漢書解衣投水廣輿記作投瓜於江祝曰若值父屍衣當沈若不值衣當浮裁落便沈廣輿記作旬有七日瓜沈遂於沈處赴水而死水經注經五日人鏡陽秋作三日抱父屍出曹娥碑國人哀其孝義爲歌河女之章晉書夏統傳至元嘉元年縣長度尚改葬娥於江南道旁後漢書尚先使魏朗作曹娥碑文成未出尚弟子水經注太平寰宇記並作外甥邯鄲淯甫弱冠有異才因使試爲之操筆而成碑文載祠祀朗嗟歎遂毀其

草會稽典錄○案曹娥廟舊誌載娥八歲母患病篤願以身代遂於伍相神前刲股和藥而進母病乃瘳等語事無所據且娥孝不藉此以傳今不錄又俗傳娥父禱於鳳鳴山而娥生尤傅會不足信

孟淑中郎將質之女年十七當嫁適聘禮既至爲盜所劫淑祖父操刃對戰不敵見害淑以致盜由己乃喟然歎曰微淑禍不生以身害祖父雖活何顏遂自經而死於越新編

孝婦包全女正統志至孝養姑姑年老壽終夫女弟先懷嫌忌乃誣婦厭苦供養加鴆其母列訟縣庭郡不加尋察遂結竟其罪孟嘗時爲郡吏先知枉狀備言之於太守太守不爲理嘗哀泣外門因謝病去婦竟寃死自是郡中連旱

二年禱請無所獲後太守殷丹到官訪問其故嘗詣府具陳寡婦寃誣之事因曰昔東海孝婦感天致旱于公一言甘澤時降宜戮訟者以謝寃魂庶幽枉獲申時雨可期丹從之卽刑訟女而祭婦墓天應澍雨穀稼以登後漢書孟嘗傳因以所居稱孝聞嶺萬歷志

晉

謝道韞王凝之妻安西將軍弈女也聰識有才辯叔父安嘗問毛詩何句最佳道韞稱吉甫作頌穆如清風安謂有雅人深致又嘗內集俄而雪驟下安曰何所似也安兄子

朗曰散鹽空中差可擬道韞曰未若柳絮因風起安大悅又嘗譏元學殖不進曰爲塵務經心爲天分有限耶及遭孫恩之難舉厝自若既聞夫及諸子已爲賊所害方命婢肩輿抽刃出門亂兵稍至手殺數人乃被虜其外孫劉濤時年數歲賊又欲害之道韞曰事在王門何關他族必其如此寧先見殺恩雖毒虐爲之改容乃不害濤自爾嫠居會稽家中莫不嚴肅初同郡張元妹亦有才質適於顧氏元每稱之以敵道韞有濟尼者游於二家或問之濟尼答曰王夫人神情散朗故有林下風度顧家婦清心玉映自

是閨房之秀道韞所著詩賦誄頌並傳於世晉書

宋

朱娥越州上虞朱回女也母早亡養於祖媪宋史治平三年二月江公亮朱娥祠碑記里中朱顏與媪競持刀欲殺媪一家驚潰娥年十歲江公亮祠記作十四獨號呼突前擁蔽其媪手挽顏衣以身下墜顏刀曰盜殺我無殺媪也媪以娥故得脫宋史娥懼追及挽顏衣不釋顏不勝其忿遂起手刃娥數十卒斷其吭氣垂絕假息猶恐及祖母也獄具祖母猶坐詬詈郡從事虞公大盜進議曰論法誠直顧無以慰没者之志太守

章侯蚳從而釋之仍以其事上聞後三月有詔諭安其家賜粟六束米三斛鄉人義之爲設祠春秋祭也江公亮祠記其後會稽令董楷爲娥立像於曹娥廟歲時配享焉宋史

楊妹子宋寍宗恭聖皇后妹姜紹書韻石齋筆談恭聖善文翰有宮詞傳世妹子詩尤工嘉慶志又善畫嘗寫趙清獻公琴鶴圖不特琴聲入耳而鶴舞之態得傳圖繪寶鑑其書類寍宗凡御府馬遠畫多命題詠嘗題馬遠松院鳴琴小幅云閒中一弄七絃琴此曲少知音多因淡然無味不比鄭聲淫松院靜竹樓深夜沈沈清風拂軫明月當軒誰會幽心調寄訴

衷情波撇秀穎妍媚之態映帶縹緗韻石齋筆談

潘氏王術妻術有至性父未食不敢食年二十餘母疾過浙延醫溺於水潘少艾其父勸之更適答曰女無二夫古義也且指其所遺二子曰我去置此何地守節撫孤終身不歸父家浙宣撫使張公旌異之沈奎補稿

元

馮夫人魏道全妻名淑貞餘姚馮伯玉季女賦姿柔慤既歸孝尊章友娣姒敬夫如見大賓臨諸子如嚴師雖生長富貴家不樂紛華靡麗之飾年踰五十猶服勤絲枲不衰

馭僕人媵女亦各有法恩義並至退無後言者閭里貧窶之人苟有稱貸多不責其償月旦之評謂夫人嚴而能恭儉而能惠信不誣矣宋濂馮夫人墓誌銘

柳氏二節柳宗遠妻唐氏及其子桂妻陳氏也唐同邑子華女年二十三歸宗遠事姑孝越二年生子桂而宗遠卒唐誓無他志或以語試之唐怒曰吾喪夫命也婦一醮義也命乃天賦義出自心能昧吾心而負義乎益苦心瘁力以養姑命桂從學於鄉塾姑年八十餘乃終桂長娶陳氏適年而桂亦卒陳年二十四或閔其無子勸之更適陳哭

曰此豈人所言吾姑不負吾舅吾敢負吾夫乎與姑相依以居姑食後食姑寢後寢家内外事必告而後行孝愛如母子歲時具肴酒祭柳氏亡人二婦煢然拜階下輒涕泣不能相視人稱爲雙節事聞詔旌其門曰雙節坊據宋濂撰傳

俞氏顧圭妻方國珍侵上虞圭團結鄉兵與之抗不敵遂遇害俞盛年而寡事姑孝教子皆有成孀居三十年能使家貲裕於夫在時内外無間言徐一夔顧生墓誌○案通志府志顧圭作顧生圭自有傳

明

賈貞女名妙蓮父辛自洛陽南遷卜居虞之半山生蓮及笄未嫁而男亡父母爲擇配蓮痛哭不止遂引簪剔目自矢堅節侍親膝下尚工女紅終身焚修晚年以所積女工置父祀產卒葬父之墓左康熙志○案賈氏譜妙蓮父名管行辛三元邑庠生

俞氏潘景鏞妻名素英洪武末鏞戍潯州衛伉儷纔浹旬當從行俞曰姑垂白吾家婦可從夫而不事高堂乎鏞行俞并日操作骨立越七年鏞得以間歸復往臨行俞謂曰吾娠矣後得子淎又二年鏞卒聞訃不欲生紡績課子每至夜分雖裂膚折指必雞鳴而寐年四十九卒萬曆志

章氏俞宗琳妻年二十而宗琳卒遺腹子盛父母以其年少子幼令改適章泣曰女亦人也奈何欲使我爲狗彘遂不事容飾清苦自守事舅姑愈謹教子成人正統間旌萬歷志。案俞氏譜宗琳名瑋子盛字以安娶劉氏孝敬三割股救姑夫病祈以身代有瑞筍之祥亦孝婦也

申屠氏光祿寺典簿廳録事賈章妻正統己巳胡騎薄京城旦夕慮不可守章曰我内府官也萬一京城不測我當從駕奈爾輩何可挈諸子歸鄉里氏曰聞于少保石總兵守禦有方城中雖急而薪米反賤當不日可平殄苟舍此而去險阻禍福未可知也已事平聞南歸者途中多被劫

掠章乃歎曰不期婦人之見能如此據賈氏譜

王氏羅明二妻明二以行役卒於外王年十九家窘甚俯仰無措矢志苦守晝夜紡績以養姑鞠子伯父某欲奪其志王翦髮誓死不二年至八十二終郡守湯紹恩申題旌表且爲文以祭萬歷志○案明二行役府志指爲正統間嘉慶志改作洪武不知何據其以明二爲二明者並誤

盧氏二節陳氏盧用濟妻性柔婉通書史歸盧事姑得歡心未幾用濟歿陳年十九哭葬循禮繼夫兄子伯盈爲嗣撫育備至娶樊氏年十四沈靜人不聞其笑語甫五年伯

寍隨生父應薦赴京客死家業伶仃姑媳相誓同守樊年五十八先姑卒明年陳亦卒年七十七令吉惠遵恩詔表其門萬曆志

陳氏庠生劉禧妻御史陳羆女也景泰四年禧赴試於杭遘疾卒時陳年少欲身殉其姑時爲防衛乃得免遂斷指以誓奉姑育子備極孝慈及姑歿葬祭務盡禮連遭歲歉至以糠粃作餅精者與子粗者自咽後子若孫俱補弟子員陳歎曰吾夫雖死猶生吾志慰矣欣然瞑目而逝年八十五萬曆志○案劉氏譜禧字景福又張文淵爲劉朴撰東郊別墅引景福朴之祖父年十六食廩嘉慶志表

又載陳氏廩生劉景福妻重出今刪

陳氏張廷揚妻年二十二而廷揚死一子尚在懷抱且貧之不能自存或勸其再適以死自誓苦節五十餘年正德間旌萬曆志

陳氏趙昕六妻年二十六而昕六死二子方幼陳教督甚嚴不以孤子貸長子名胥任湖廣布政使經歷陞常州知府有惠政沈奎補稿

祝氏葉廉妻生二子曰璋曰珊廉卒遺腹子曰珵時年二十二誓不再適姑病革稽顙北辰求以身代正德間旌萬曆

志

曹氏二節呂氏曹顯妻年二十餘顯卒遺腹生子琪苦志撫育長娶屠氏未幾琪亦亡遺孫二長信四歲次佐歲餘門祚伶仃姑婦形影相弔矢志同守姑年九十終婦年八十八終後信子曰軒曰輻相繼登進士軒爲御史輻爲參議佐子軽有聲庠序人謂雙節之報巡按浙江監察御史歐陽雲爲賦雙節詩萬歷志

俞氏盧憲章妻年二十一生子女各一而憲章卒誓無他志勤紡績以撫遺孤後孤亦卒有富室欲娶之氏聞即縊

家人康知獲免厥後鄉官陳庠結氏親黨誘以富貴脅以威力氏度不免乃紿入室更衣縊而死時縣令林球教諭李長源躬致弔祭鄰有金婦孀居亦聞而自縊皆旌表（萬歷志）

鍾氏孫景雲妻欽禮女幼讀書通文義相夫登進士授玉山令夫婦敬禮如賓年二十二景雲卒於官無嗣一日告其姑曰媳無子奉舅姑幸有諸叔在媳將以身殉夫姑止之以無覓死狀不設備薄晚悉翦夫之衣以爲旐夜半竊設椅桌於靈座左沐浴更衣懸白綾縊座上厥明姑覺驚

抱其屍於左袖中得銀一錠題曰買棺右袖中有景雲小像當道聞於朝詔旌其門毘陵邵寶爲按察使作記樹碑於通衢而景雲亦祀名宦云萬歷志○伍餘福萃野纂聞

鍾氏者浙之上虞人也年甫笄而歸同邑孫景雲景雲以進士令玉山病革且死鍾氏環室而號之幾絕復甦曰吾終以身殉可也絕粒者數日其姑慰之不能釋家人卜以九月二十日發喪鍾氏知之黠檢殉葬儀備自靈座外更設一座以自待忽語其姑曰若無伯叔則當奉舅姑今伯叔俱在妾無慮矣語畢而其姑在醉中懵如也翌旦叩之則就縊矣年止二十有五衆皆流涕部使者爲之奏
聞得建祠以致祭焉

史氏陳大純妻年二十三純亡無子誓不再適將夫詩扇網巾時佩於身後姑百計勸嫁詈無忤言惟蓬首跣足屢

於密地自經妯娌相救得不死及疾革囑平生所佩詩扇綱巾殮於棺曰以此藉手與夫相見示無悖也言畢而逝時年六十有八事聞表其門曰完節萬曆志

韓氏二節鄭氏庠生韓銓妻銓爲忠義公銑仲弟年二十卒鄭痛不欲生以懷孕忍死俟之彌月生子湜矢志堅守湜年十三入泮三試皆第一年十八暴病卒婦尹氏御史洪之女年亦十八柏舟自矢與姑鄭相依年五十先姑卒謝太傅遷表其門沈奎補稿

陳氏三節龔氏陳榛妻年二十夫亡撫子國華長娶沈氏

國華亦亡沈年二十一遺孤文奎姑媳同守艱苦萬狀文奎長娶馮氏未久文奎又亡三世孤燈僅延一息龔沈俱以壽終馮年踰五十事聞詔以三節旌其門萬歷志○案一統志府志作陳臻

羅女永豐鄉人父名壽兄弟三人女齒居三名之曰祥三性至孝於兄弟尤友愛字鄞邑聞氏子未歸而聞歿女聞之欲自縊既而悟曰吾不可死死則傷親心是吾沽貞之名而忘孝之實也乃絕髢毀容誓不嫁戚黨知其賢爭聘焉父瑜之執不可父曰若性烈不汝强然兄弟即相安能

保異日姪輩盡相安如兄弟乎時諸昆弟在側咸曰無慮也當爲妹立嗣諸姪中妹自擇可也父喜曰此平日友愛所致也乃以仲兄次子爲女嗣由是與兄弟益相得足不出戸者三十餘年二親歿將殉焉勸而止年八十三無疾終葬祖塋右今貞女後子姓繁衍人咸謂貞孝之報據採訪冊

蔡氏葛璋妻年十七兩浙名賢錄作十九歸璋明年璋卒哀哭殞地絕而復蘇乃蓬首垢面不欲生未三月里中兒屠某謀娶之其姊爲氏妯娌假他事紿與姊會屠從旁竊視之氏覺泣曰生何顏於人世歿何以見亡人耶奉舅姑夜膳畢沐

浴整髻服衰而縊萬曆志

許女字陸汝含年二十汝含卒女聞訃守喪於正德十三年四月服除自縊死據採訪冊

唐氏二節許氏唐亮妻亮試浙闈不遇遊學廣德卒於館舍許年二十四遺孤偉猶在襁褓守之成立爲娶錢氏偉亦早世錢年方十九事姑備孝養兄弟憐其家貧年少且無嗣諷使改適錢取厠水且詈且潑自是人莫敢言許亦慮其不終謂曰我命自苦何復苦汝錢對曰苦則同苦乃翦髮自誓後許以過哀傷明錢扶持益力姑婦相依如母

子者四十餘年皆以壽終郡守湯紹恩表其門曰雙節同心萬歷志

唐氏成孟吉妻年二十一孟吉卒遺孤甫五月唐哀毀骨立室如懸磬僅一老姑相倚爲命父母憐其家貧年少諷使更適唐斷髮跣足若廢人然至欲自縊以決志由是無敢言者養姑育子歷冰霜五十載至七十餘終令楊紹芳爲申其事於當道後四世孫蕙妻葉氏亦以青年孀居苦守課子年二十七髮盡白邑令異之特旌其門人以爲唐氏所貽世節云萬歷志

金氏徐彥能妻彥能儀狀雄偉有膂力婚甫二載卽遊外隨兵征苗後病歿江南金以死自誓晨夕悲號不事鉛華繼伯子高七叔子高三爲嗣二子成立尋父骸骨歸葬郡守湯紹恩表其閭康熙志

孫氏徐彥明妻彥明卒孫年二十七家故貧姑又病瘻諸孤待哺無以自給孫矢志不二惟紡績以傭食俯仰賴之事姑十有二年始卒撫其子迄於有成年七十三終通判雷鳴陽攝邑事爲題其廬萬歷志○康熙志曾孫學詩以直諫聞

任氏鍾强妻强亡任年二十四姑憐其年少諷之曰家貧

子幼守節事難任以物碎首誓不二姑因抱頭相向悲泣後姑病任禱天自代割股和藥以進病頓瘳郡守湯紹恩表其門康熙志

柳氏徐子瑾妻年二十五而寡遺孤紹宗僅周歲家甚貧舅姑又老事育維艱柳翦髮嚙指矢志不二夫弟子俊尚幼柳以紡績佐肄業資後子俊登第敬嫂猶母孀居四十餘載人無間言嘉靖間旌據徐氏譜

沈氏謝鍔妻歸三年餘而鍔死遺孤甫十月翁姑爲選富室再適沈聞受聘急託歸寍往母家不返者十五年及子

婚娶始歸備極艱苦歷五十年孫讜薦於鄉泣謂曰我五十年前不圖有今日我不負汝祖父天亦不負我聞者墮淚沈奎補稿

何氏丁詩聘妻未合巹而詩亡何年十六縞素臨喪守志不移繼姪耀先爲嗣孫時嘉靖庚子舉人仕冀州知州康熙志

時妾徐氏時亡徐方少艾人多勸其再適始以利誘之繼以威迫之徐矢志不二厥後屢遭强暴百計淩辱卒以不屈死嘉慶志兼採訪

丁氏徐廷仁妻年二十一廷仁遘疾卒丁日夜抱持其孤

泣不休夫弟某欲奪其志丁號慟囓斷二指言者亦感悔嫠居五十餘載後孫震官大理寺評事援例乞恩得旌表萬歷志

朱氏車廷珏妻廷珏名珊婚未半載而死朱已娠產而得男大慟曰此未亡人所賴以報地下者不克存孤有如日勤劬撫育至於長娶婦且有孫矣未嘗踰閾與宗黨言一日執爨有樵童坐其側怒而起曰若欺吾老寡婦而猥以身相並耶涕泣不食子婦爲跪請乃已其剛潔出自天性如此萬歷志○案嘉慶志表車作章誤

包氏車暭妻早寡家甚窘遺孤美一在襁褓中包矢志堅卓撫之成立娶邵氏未幾子婦俱亡遺孤孫傳一包年已邁辛苦教育支持門戸蓋以一身當兩世而苦節存孤者據採訪册

宋氏庠生姚守約妻年十六歸姚甫二載約病卒遺一子纔八月適姑病阽危籲天願以身代寄其孤於姒姑病旋愈其母憐其少且貧强之更適宋毁容自矢孀居六十餘年而卒萬歷志

劉氏太學生葛棐妻棐大理卿浩仲子也早卒劉年二十

四無子自以處富貴非淡泊無以稱節乃謝鉛華治一靜室日持齋素以爲生繼姪燦爲後燦復早亡遺孤甫三歲撫之成立年八十三終旌表萬歷志

馮氏朱棣妻盛年而寡復遭內訌家產蕩然堅志苦守初終不易宗黨賢之云據採訪冊○朱袞嘉獎馮節婦事狀畧孽產屬之官而死不畏父勸之嫁而誓不移茹苦育孤貞操可敬即其初節允宜嘉獎若能至老如一聲實相孚公可旌門私可垂譜榮寵可勝旣耶羊一隻絹一端用揚厥休文榜諸壁以勵有終且俾鄉黨咸聞焉

曹氏嚴鴇妻年十八歸鴇甫期鴇死舉子才六日撫屍誓志時家產未析諸伯叔潛圖之氏計消其謀一日具飲食

召會宗戚佐孤作謁諸老壽狀氏即舉聲號曰夫死有欲嫁我者念與夫訣時誓撫其子必提殺此兒始絶望可長往耳衆失色驚抱罷酒妄念遂息而孤始獲成立據羅康撰傳

何氏顧院妻婚甫一載院卒何年十九遺腹子一家甚窘舅姑謀奪其志何嚼指自誓曰此身已與夫同生死所不死者有孤在吾惟撫此孤以報夫於地下耳居無何其子雙瞽未嘗稍露怨悔晝夜紡績餬口佘瞽子賃舂以佐之子母相倚怡然自得年九十五終萬歷志

潘氏范近南妻近南名枋卿髫年以易入邑庠試輒高等

中丞車百山曰此乃祖侍御公正脈也然竟以篤學成疾氏刲股以進不瘵卒無子以姪景周爲後沈奎補稿

竺氏三節薛氏竺方十二妻十二祖鏡父本俱早世祖母張氏母姚氏俱孀居六十餘年十二稍長喜逸遊不事家人生理薛歸時先業一空未幾十二嬰惡疾卒姑姚諭薛曰吾兩世撫遺孤藉有先人敝廬獲終所志今爾無六尺之孤一椽之屋何恃而守薛跪泣曰政惟是無子無家姑老何恃願追蹤兩世足矣日事紉浣易薪米以終姑養凡竺氏習女紅者率師之卒年六十七萬歷志

黄氏庠生劉鳴陽妻鳴陽早卒黄矢志堅守貧乏無以自存或勸之改適黄泣曰吾聞從一而終敢有他乎日不再餐夜無完箪以凍餒亡萬歷志

倪氏陳宏兆妻倪紳女歸宏兆生子甫一月宏兆死倪典衣殮葬誓死靡他屢爲繼姑所逼歸依父而父又貧輒枵腹鍼紉佐父朝夕逢姑誕必市果麪致壽每寒食中元除夕及夫忌日則以雞酒麥飯倩鄰僮奠於墓所而自號慟門外北面稽首焚紙錢乃已及父死子稍長乃攜子歸於陳葦廢居棲焉年七十一終萬歷志

吳氏范廣瀚妻年二十瀚病卒貧無立錐夫弟廣沔迫令改適窘辱備至吳嚙指截髮就縊者數四家人救甦日惟辟纑紡績以給衣食里媪有憐之者曰汝家貧無倚復遭內訌何自苦如此吳泣曰吾知有死耳豈負亡夫哉隕淚皆血矢志益堅竟以壽終萬歷志

馮氏徐郡妻郡贅於馮婚一載以力學勞瘁卒於家遺孤尚志甫七日馮聞訃亟抱孤奔喪哭葬如禮以父母事舅姑撫孤慈愛曲至迨子長娶婦舉孫馮心稍稍喜未幾尚志復病歿馮泣曰濡我數十年死者以七日孤耳孤且今

遄去吾何以生因嗚咽不能食卒年七十二萬歷志

徐娥葛之泰聘妻泰病夭娥年十四聞之遂縞衣茹素杜足深閨室人無得敵其言笑每逢宴饗父母强之出堅卻不與守閨二年病劇背立而死年才十六耳父三陽哀其志合葬于之泰之墓陳恭介公爲立傳萬歷志

陳氏徐萬選妻幼習書能詩年二十適萬選選力學病羸且革氏泣語曰君讀書致斃妾不能防君將從君地下藐孤有尊人在無慮也選墮淚不能語作搖手狀未幾死家人環哭忽不見氏亟呼之已扃門縊矣救之移日始甦自

是絕飲食父母來肩輿舁氏歸奄奄不起一日遣人抱遺孤復姑且口占詩送之曰今日兒生離明朝孃死別兒去不知孃孃死向父說遂瞑一紙置拇指間云殉夫萬選妻陳氏將殮取手中紙堅不可拔卒年二十六萬歷志

陳女貢生志竣女天性篤孝及笄值母葉病劇醫藥弗效乃夜於闇室翦股肉以進誡侍婢勿言無何女旋病而母竟死志竣見女肱曲不伸廉其故婢乃言之已而女哀號哭泣枯槁以死竣將白之當道乞旌未幾亦暴疾死遂無有表之者萬歷志

孫夫人御史陳紹妻少有女德紹欲劾奸相嚴嵩以語孫孫贊助甚力紹遂具疏上之已出守韶州卒於官孫年二十六扶櫬歸煢煢子立履不踰閾親黨之卑者惟帷外肅揖未嘗見其面如是者四十餘年嘉慶志

薛氏徐希明妻父早世母韓嫠而搆疾薛年才十二侍藥甚謹暮則齋戒禮斗百拜而起者年餘母憐而譙訶之不可止年十九歸希明鄒元標薛宜人墓誌銘希明子如山繼娶邵氏邵年二十二生子廷英而如山死日勤紡績孝養舅姑和洽妯娌無間言課子力學天啟甲子登賢書每以忠孝大

節訓英後英更名一掄任保山令擢御史上疏母節旌表建坊康熙志

婺女謝明湖家婢明湖娶陳氏生三子與陳偕卒三子幼家又貧婺女感主德誓不適人紡績撫養備極艱辛得使三子皆有所成立且爲明湖置祀田二畝惜不詳其姓氏謝海山雜錄

姚淑人克俊女年十六歸餘姚黃尊素及尊素入爲御史楊左魏李諸公朝夕過訪語及羣小陰謀輒喟然歎息賓退淑人進曰公等不能先事綢繆歎息奚益耶後尊素被

逮淑人每夜分祈北辰下願以身代逆奄就誅賜章服三品教其子宗羲爲復社領袖南國諸生顧杲等公討奄黨阮大鋮宗羲名第三大鋮復柄用中旨逮治淑人欣然曰豈意章妻滂母萃吾一身山陰劉宗周常熟瞿式耜皆目之曰女師明詩綜

丁氏徐振德繼妻適徐甫三載生子勷而振德亡丁年二十誓死不復生姑周亦孀居泣云吾家兩世不絕如綫幸有一孫天或佑之今死不如養孤祖祀勿殄也丁痛絕復蘇者再因受命奉姑撫孤艱苦備歷姑病劇割股和藥以

救姑病獲痊後姑八十餘終丁終年八十有六子勳歷任江西建昌府南康府幕築城濬濠有惠政康熙志

張氏竺四妻年二十夫亡遺孤一張操井臼務紡績孝事舅姑訓子有方言笑不苟舅姑年八十二同日逝張治喪葬悉如禮年八十有四終子虛中庠生以孝稱康熙志

陳氏俞溥二妻年十九溥二死遺孤未周歲陳毀容守志日勤紡績孝奉舅姑有堂伯某利其財貲諷使嫁陳抱孤泣不休亦不答一日伯以餅食其孤方食驚而啼陳疑予犬犬斃陳痛哭曰兒縱死吾志終不可奪也是夜夢其夫

告曰兒之不受壽者予力爲之今訴之冥府惡人死不遠矣次年伯果以惡疾斃陳年八十四終康熙志○案溥二舊作仲溥據俞氏譜更正嘉慶志表又載陳氏俞溥妻重出從刊誤刪

陳氏儒士許成義妻甫于歸卽脫簪珥助夫力學年二十四夫卒遺孤二苦志堅守孝養舅姑子就外傅每以成德立名爲訓倪文貞公爲立傳贊子吉人貢生宏人庠生康熙志

陳氏府志作謝氏郡庠生葛承憲妻年二十三憲以暴疾死遺二子俱㓜初族有盜者憲擯斥之乘憲死盜欲殺其子及

陳陳覺持二子避得免盜焚其廬後苦積復搆堂伯某盜賣祖塋於勢宦陳罄家貲以贖事舅克孝課子惟勤卒年八十四子三龍三友俱邑庠生康熙志

陳氏趙則乾妻則乾力學早卒遺孤尙襁褓陳年甫二十鄰里勸再適陳痛絕復蘇以舅姑老孤幼強飲食紝績度日有甘旨必先奉舅姑餘以哺孺子人皆稱爲苦節云康熙志

章氏周國光妻光家貧力學章每伴燈夜績相黽勉光死章年十七族以家貧無子勸他適章持刀欲自殺自是遂

莫敢言形影相弔終始如一令吳士貞表其門康熙志

李氏庠生徐啓聰妻聰髫年遊泮苦學病歿李矢志孀居哀毀骨立每逢辰節哭泣廢食垂老足不出閾奉姑韓尤盡孝養姑病篤焚香籲天割股和藥姑病獲痊康熙志

胡氏太學生林苓妻苓赴試北雍旋里卽歿胡年二十二一志苦守扃戶紡績事姑至孝會姑病籲天願以身代病遂愈課子甚力學業皆有成壽至百歲郡守葉顏其額曰節壽雙全康熙志

陳氏庠生黃綵妻綵歿有以年少勸改志者輒哭泣拒之

壽至百歲後元孫婦馮氏早孀節亦如陳訓督二子乾隆府志

俞氏陳倘禮妻禮性孝家貧教學在外氏日勤紡績代夫定省減食奉姑值姑病危氏焚香禱以身代割股和羹進之姑病獲痊康熙志

虞氏鍾省一妻適鍾三載生子鳴岐而省一死虞苦志守節紡績撫孤娶媳周氏年十五克盡婦道值姑病周與夫晝夜悲號祈以身代割股和藥姑病得愈邑侯周銓表其門曰雙孝可風康熙志○案周氏以孝稱嘉慶志於節婦表列其名誤又案表門在崇禎間今改歸明

陳氏太學生陸允純繼妻少司馬洙之女孫也年十八適陸生二子純前妻生一子陳鞠育一體無殊純赴試都門以疾卒陳謝絶鉛華砥節訓子動遵禮法鄉黨以貞淑稱康熙志

薛氏羅繼誠妻年十八而繼誠歿哀毁自縊姑救之氣絶少頃蘇勸之曰繼誠無後幸汝懷孕獨不顧羅氏一塊肉乎越三月遺腹生子薛立繼誠位朝夕焚香躬自課子不見外人者十餘年年七十無疾而卒嘉慶志

倪氏顧允星妻允星年甫冠生二子即北遊京都爲部掾

卒於邸倪聞訃慟絕及柩歸停園中與倪室隔一垣朝夕睇望每遇風雨即撫二孤飲泣及子長始命改葬曰吾今得瞑目矣沈奎補稿

陳氏袁同八妻年二十七而寡生一女出嫁亦早寡一日過女值演戲女欲隨姑往觀力止之曰處常宜戒孀婦尤宜禁絕養子寅四戒以做人要如寡婦守身而寅四亦以强年歿氏益無倚卒年八十七沈奎補稿

李氏徐秉端妻少寡而貧或勸他適嚙指自誓後二子以貫起家孫景辰崇禎丙子舉人據徐氏譜

呂氏縣令史唐應奎妻係餘姚名族適唐二載生子樂生甫週歲而應奎卒呂年十八哀慟誓死幾絶姑慰以育孤嗣後爲重泣受命躬操井臼孝養純篤訓子必遵禮法卒年六十有八子樂生以孝聞孫徵麟　國朝順治丁酉舉人康熙志

徐氏二節陳氏稟生徐承宣妻參政惟賢孫媳也承宣年十九病歿陳年亦十九遺孤復光甫二歲撫之成立補弟子員爲娶李氏生孫二而復光復蚤逝陳與李訓育二子苦守終身康熙志

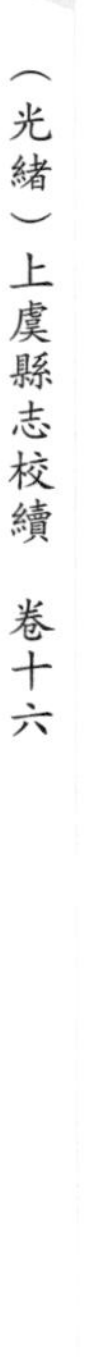

劉氏二節虞氏劉克明繼妻夫卒舅姑勸更適虞曰舅姑二男皆亡何以爲活未幾舅姑死虞年僅三十許家產凋零日夜紡績以訓諸子宗黨賢之庠生克培妻陶氏亦早寡撫孤堅守並以節著備稿

褚宜人員外郎徐爾一妻也通文翰尤明大義時島帥毛文龍握重兵蜚語有異志廷議惑之爾一請以三子一孫保其不異以疏示宜人宜人曰君既爲國憐才妾敢愛子若孫誤國大事乎遂闔門待命嘉慶志

徐氏三孝婦陶氏陶頤齡女徐廷玠妻事舅姑至孝陶媳

張氏張元忭女陶病張目不交睫日夕侍左右刲股以進陶病遂愈張媳張氏亦以孝聞會稽縣志

王氏謝奎妻事姑至孝壽至九十有一據採訪冊

薛氏徐國泰妻國泰爲保安守備崇禎甲戌大兵登城國泰率民巷戰力不支歸告氏氏曰今日之事已裁決第未擇死所耳國泰曰胷井可曰諾國泰立視之則盡紉其衣裙及韈赴井死同時死者國泰妾王與弟履泰妻趙妾

李外母劉暨女三婢三嘉慶志

黎氏宋大賓妻年二十賓患病浹歲氏揮淚延醫知夫必

死郎治二棺殮衣冥旌二人皆異之賓殁置二棺於寢殮其夫訖衣所殮衣投繯棺側鄰人驚救繩結甚固不可解周令銓表其門曰有烈士風墓在皁李湖東康熙志

丁氏三孝婦楊氏丁權妻明季遇難負病姑以避謝氏丁文協妻陳氏丁喬妻皆刲股療翁疾者據採訪冊

王夫人倪文貞之配也文貞在史局時多感慨時事指畫所形動觸威貴方草疏未發親朋知之者色動舌出撓禁千端夫人聞羣譁謂文貞曰請得一涉指歸示之草乃拍手大笑曰君語平平諸君何事須懼郎如此遂爾驚天動

地豈爾輩男子眞僵蠅腐草耶文貞決策遂上其後雖由此得禍乃更相忻一時聞者並賢夫人倪文貞集

俞夫人侍郎徐人龍配也淑而才崇禎十七年國變人龍破產勤王夫人罄簪珥佐軍餉補縫行間據徐氏譜

張氏鄭振生妻居南鄉漁灣江沿崇禎十六年草賊蜂起氏年二十以少艾被掠將挾之渡江氏矢志不失節甫登舟計清流無底正得死所因紿賊寬縛賊信之略可轉動即急赴中流賊倉卒無所爲計遂策馬西去數日後家人稍稍集於淺水中得氏屍面如生沈奎補稿

張氏趙德遴繼妻崇禎間德遴官東鄉令乙酉夏城破氏與德遴并德遴妾陳氏同投井死家屬同殉者又十四人越殉義錄○德遴傳作十七人

淩氏李浩然繼妻崇禎甲申浩官千總守保定力戰陣亡氏遂投井死嘉慶志

鄭慧瑩字明湛餘姚鄭咸一女倪文貞次子會覃婦也其荅子封會覃字詩云青鸞有信孰傳愁目斷天涯倚斷樓東溪渡口帆千片知道君歸那一舟露含無語催霜白風慘餘聲代月愁池上海棠初發蕊誰憐瘦影爲傷秋西湖覽勝詩選

袁氏性貞淑父坦一奇愛之年十五字陳士顯越二載士顯卒訃聞氏哀懇父母欲臨喪父母不可兄原一爲竭情代請乃許焉入門見舅姑畢卽解髮束麻相與治後事若家人然既殮父母趣之歸泣曰此吾家也將安歸舅姑慮其不卒多方諷之氏囓指以誓苦心瘁力孝養舅姑母病劇刲股以療夫服未闋父母與舅喪相接至氏八載齊衰無一日離身嘔血而卒據陳應霖撰傳○案康熙志士顯作範十五今書名

上虞縣志校續卷十六　　列傳十二

上虞縣志校續卷十七

列傳十三　列女

陳夫八　謝宏濟妻　車見衡妻　鄭宗英妻

王肅三妻　王三妻　徐炳龍妻　陳元新妻

朱實妻　陳鼎和妻　謝宏功妻　陳季玉妻

趙燮英妻　顧全六妻　曹鼎臣妻　馬咸吉妻

徐廷喬妻　謝氏二烈　陳階二妻　朱有美妻

黃榮昌妻　范氏三節　錢銓妻　羅益茲妻

潘元賓妻　潘世貴妻　張宏毅妻　趙顯伯妻

徐鼎鼐妻　錢大化妻　徐節妻　張思堂妻
管貞女　商景嶶　馮宸鏕妻　徐士接妻
張八傑妻子鳳閣妾附　陳淑妻　王珩妻
陶是妻　徐昭華　曹湄妻　鍾受之妻
林鼎元妻　嚴凝惠　鍾氏三節　金其法妻
王繼華妻　姚大芳妻　謝甯湘妻　陳夢蘭
張啓楠妻　謝四聞妻　陳饜書妻　謝氏二節
顧氏二節　陸時蘭妻　徐安吉女弟安成　周氏三節
謝偉才妾　張淑蓮　王宏仁妻　李鼎妻

王雲姑　周允貞妻　王克明妻　陳淑旂
曹赤蓮妻　陳侗妻　聞友瑞妻　趙某妻
倪楷妻　葛繼緒妻　呂再陽妻
葛景桓妻
陳秉均妻　趙烈女　錢十一姑　謝學峰妻
倪綸妻　王三姑　謝麟妻　謝采妻
趙彥興妻　謝元烝妻　王蕙妻　李懋德妻
符節妻　徐在仁妻　徐裕士妻　周履旋妻
葉天一妻　王日升妻　張若瀛妻　王維岳妻
陳我彭妻　謝伯元妻　王侚絅妻　顧氏

王志鎬妻　胡鈁妻　陳學大妻　曹夢蛟妻
王勝義妻　黎靖九妻　趙秉茹妻　顧名臣妻
田疇妻　李積功妻　葉成彩妻　徐連妻
徐紹琪妻　徐永旭妻　李女　王子才妻
陳艮士妻艮乾妻附　陸舜山妻　田浩然妻
陳萬灝妻　陳應運妻婢李氏附　陳元勳妻
陳恒九妻　陳掭邦妻　何玉蘭　陳雲史妻
倪礽耀妻　閩人氏　謝九錫妻　謝采九妻葛南金妻
陳奎光妻　劉永春妻　紅桂姬　鄭二姑

羅應蒙妻　徐元德妻　陳宗異妻　朱協公妻
張貞懿　許三才妻　章錦倚妻　王起鼇妻
章紀妻　王永仁妻　王時化妻　陳松妻

國朝一

陳夫人父有信以賢行稱閭訓克嚴夫人生而穎慧奉教維謹及笄歸會稽沈清遠生一女甫週沈被仇家謠諑避地冀北二十餘載夫人備歷辛勅艱苦危疑毫不爲動外侮內憂處之怡然奉姑陳克勤孝養及　興朝定鼎沈以元勳受　命總漕夫人偕沈奉姑於署朝夕温凊終身孺

慕年六十七終嘉慶志

車氏庠生謝宏濟妻事舅姑以孝聞順治戊子四月王翊起兵轥虞城夜半援兵至城中男婦倉皇逃竄兵喊殺甚震氏素有婦德足不踰閾恐遭不測遂躍入城河而死康熙志

徐氏庠生車見衡府志作元衡妻工部宗孺女中丞純孫媳也見衡早亡氏嫠居有年二子館穀於外順治戊子四月城陷見衡弟均衡死於兵氏舉利翦刺喉死康熙志

張氏諸生德徵女鄭宗英妻也順治己丑山寇出沒無定

官兵偵寇過接踵俘掠德徵囑歸避氏謝曰姑在女去誰侍姑者與其棄姑生不若奉姑死十月兵至灣頭氏偕姑避珠龍山猝遇騎兵縛氏去氏牽姑衣兵以刀鞘擊其姑仆地挾氏行里許經施家池躍入水死康熙志嘉慶志參道光三十年旌闡幽甲錄○備稿曰案汪輝祖表徵錄作鄭乙妻蓋失其名故也與上鄭振生妻事頗相類惟年月稍異疑卽一人傳聞之誤

張氏張村女王肅三妻順治戊子四月官兵捕賊王雅四未獲繫數十婦人去氏與焉欲自殺不得被縛馬上至交水溪躍入水觸石破顱死康熙志

張氏連樹村王三妻順治己丑十月山寇肆掠劫氏去欲犯之氏罵不絕口臨以刃不屈遂被殺投屍交水溪月餘氏弟經溪濱遙見氏靚妝坐橋上即之倏不見徘徊久之橋下有屍浮水起視之則氏面目儼然猶未變也嘉慶志道光三十年旌闡幽甲錄○備稿曰案此傳府志縣志俱本汪輝祖表徵錄而表徵錄又本范蘭三烈婦傳一張氏爲德徵女郎上鄭宗英妻與志傳語相合一張氏爲王肅三妻原傳云張村女有騎掠之挾之上馬行至交水溪婦竊喜此水清湍可愛吾不死何待耶遂溜鞍投溪中騎意其不諳馬復援之婦不言仍躍入水如是者三乃大罵曰虜我何爲此吾死所也弗殺我我且抽刀殺若矣騎怒殺之投溪中去後其弟某經是溪時日將暮淸風肅然猶見其魂靚妝坐橋上云今肅三妻傳並無是語而王三妻傳載之疑二傳爲一人之事沈奎刊誤以爲

此卽王肅三之妻也

陳氏徐炳龍府志作炳寵妻貞靜端方足不踰閾順治四年山寇起官騎掠勦氏避匿至黄家嶴口爲騎所迫罵曰盍殺我我决不辱身因被害時盛暑露沙磧者五日色如生康熙志

龔氏陳元新妻年二十生一子夫亡姑以年少家貧勸他適龔嚙其左無名指泣曰甘爲陳氏鬼莫作他姓婦勤紡績事姑撫孤髮槁容枯值姑病割股和藥以救卒年六十有二康熙志

張氏太學生朱寰妻年十八適朱生子鳴朝甫周歲寰力

學幸劬旋亡張生長宦門不辭勞苦奉姑丁克孝訓子勤循禮法鳴朝以孝義聞生子魁鼇康熙丁未進士能紹侍御三峯公遺業人謂貞節之報康熙志

顧氏陳鼎和妻早寡矢志守節姑病侍湯藥一日病劇顧涕泣焚香祈神求代如是者浹旬姑夢神告曰汝命當終念汝婦孝當錫汝壽考姑驚寤霍然而愈康熙志

徐氏庠生謝宏功繼妻功苦志篤學婚一載即逝徐慟絕復甦無子撫前孤如己出事姑孝一夕夢神告曰七月五日汝家有大災可速救汝姑及期火迫姑臥室徐與姪婦

葛衙火掖姑出貲產蕩盡奉姑挈子居斗室中而孝益篤康熙志

黃氏陳季玉妻年十八適季玉逾歲而季玉死黃懷娠五月生一女矢志事舅姑舅納妾復生子家計日蹙黃曰吾奩資足自給家產盡與叔可也後山寇起舅以橫禍破家黃悉出所有營救而室已懸罄矣因就養於壻庠生謝鑄以終康熙志○案嘉慶志節婦表已上五人皆已旌

陳氏守備趙燮英繼妻康熙甲辰進士儁卿妹英客遊都門鮮家居先有二子二女陳曲盡母道年二十英卒遺腹

生子聖善苦守教育一夕孤燈獨紡徹聞壁間有聲曰夜深矣何未寢諦聽之則其夫聲晚歲獨居能知外事若有靈驗然聖善後官主事曾孫殿最官工部尚書康熙二十四年　旌（嘉慶志參康熙志）

章氏顧全六妻崇禎間全六以捕魚死於海章號泣三晝夜屍忽浮始得棺殮時年二十九守志撫孤至八十四而終康熙二十七年　旌（沈奎補稿）

姚氏曹鼎臣妻夫亡遺一子哭殯畢扃門自縊救之甦後閉居一室紡績終身至五十九歲卒巳　旌（乾隆府志）

姚氏馬咸吉妻年十九夫亡遺子復殤會山寇肆掠入室姚駡賊受傷守節六十餘年巳　旌乾隆府志

葛氏徐廷喬妻廷喬一名霍麓病癡十餘年轉劇翁辭婚父許之葛聞大駭紿其父母曰兒欲往別舅姑然後再字父怒不應葛閉戶欲自經其母懼爲婉請於父得行入門不肯歸曰吾徐家婦也父奔而來强挽之以死自誓後廷喬歿葛告舅姑曰夫雖廢疾然年二十五非殤也有婦在不可無嗣乃擇子撫之守志四十年以終康熙間　旌乾隆府志

謝氏二烈謝媛郡庠生璜妹陳氏璜妻也璜家貧陳以鍼
黹給衣食事舅姑尤謹璜卒於京或欲奪其志持刀將自
刎乃已孀居八載非貞女節婦不得一面族有憫其窮而
賑之者不苟受也康熙十七年七月海氛未靖氏被虜至
賊艘罵賊奮身赴水死土人時見白馬翱翔隨波濤上下
康熙甲戌年間郡守李鐸築堤久而不就夢氏與陳金氏
授以方略卻潮數里不日告成命建雙烈祠於海濱璜妹
偕陳遭寇劫跳身海涘賊以長鉤援之起哭詈不止亦被
害據俞鄉兩貞烈事實表微錄俱道光三十年旌闡幽甲錄○范蘭三烈婦傳略陳烈

婦夫謝璜客死於京孀居可十年康熙戊午夏蓋山石𡺷鄉人以爲異俄而海賊至虜男婦九百餘人入海婦與其小姑與焉乃嘆曰吾願死以從先夫於漠北久矣今天賜我也遂赴海賊以長鉤援取之𠑽以刃婦不顧而駡乃殺之去小姑亦死之又謝燝節烈陳氏傳略節烈陳氏五都夏蓋山陳炎四房之女也及笄歸謝子玉爲繼室子玉爲府庠生喜讀書不治生產家頗落語陳曰吾將走長安階尺寸以畢吾志陳曰君子欲往唯所欲爲吾當善視兩女子子玉遂北行不期至天津病逝訃至陳幾不欲生旁人曲爲解慰始定惟扃戶治女紅訓其兩女而已康熙十七年七月初九日海寇倏至不及避遂被掠登舟揚帆而去守者頗嚴將暮俱就食一躍入海曰吾今得死所矣信至族人哀之案謝燝璜之族姪也范蘭撰傳稱璜妻與小姑同死謝燝撰傳但言善視二女不云有小姑故沈奎刊誤辨爲謝璜之女而王璣以爲同日死節者一爲蓋山陳氏婦一爲蓋山陳氏女相傳以爲姑嫂殉難是陳氏之姑嫂非謝氏之姑嫂也謝媛似無其人而舊志載之君子善善從長存之可也

金氏陳階二妻舉動端莊言笑不苟里中憚其嚴正無敢褻視者工鍼黹爲一時女師樂道古節義事康熙十七年七月海寇肆掠入氏室迫使行氏厲聲罵兀立不動賊前捘其腕氏料不能免聲益厲曰我臂可斷足不可移也賊怒斬其手更罵不絕口賊復斫其頭遂遇害嘗與謝烈婦共效靈於塘工康熙五十九年郡守俞卿築海塘修夏蓋夫人廟以氏與謝陳氏配左右楹焉俞卿兩貞烈事實

尹氏朱有美妻姑悍夫尤暴戾尹委曲承顏無慍色姑病尹籲天求代刲股進之夫怒毆其瘡數四逾日姑痊氏遂

瘡潰死聞於縣陶令旌其閭曰孝可回天時康熙三十五年也嘉慶志

羅氏黃榮昌妻年二十三姑亡夫繼歿無嗣羅拮据二喪盡禮服闋祭畢即闔戶自縊得救甦與夫之寡嫂同居共撫姪原成立年八十四猶勤紡績雍正三年旌浙江通志

范氏三節范備妻張氏及其子鼎泰妻姚氏孫自起妻羅氏也初備亡張青年矢志撫鼎泰成立娶姚氏張旋歿而鼎泰亦病死姚年二十五年十九通志作自起甫四歲通志作其僅周歲兄勸再適姚厲聲曰我無父兄即父也何出此言持刀自

刺兄魂謝乃已撫教自起弱冠補弟子員爲娶陳氏無子早亡繼娶羅生子廷耀三歲而自起復亡姚泣曰吾獨賴媳奚羅悲慼不能言即翦髮自誓姚抱癱疾羅養盡心力洎姚殁治喪盡禮課子讀書一日比鄰失火幾迫羅焚香叩天邑令萬中一救火至見神持青旂駐屋脊指示曰此范氏世節婦屋也卒無恙雍正五年　旌表廷耀以孝子旌嘉慶志參浙江通志○案表內姚氏羅氏俱重出今刪

謝氏庠生錢銓妻年二十適錢事姑孝越四載姑病侍湯藥目不交睫未幾卒銓因哀毀致病喪殮皆謝手理越十

口銓亦卒無嗣家貧捐衣珥葬姑於翁墓復以禮葬其夫紡績針紉煢煢二十餘年以夫姪㞟承嗣雍正七年旌㞟邑庠生錢氏譜據

蔣氏羅益茲妻年十八適羅夫卒於京蔣年二十八子甫周歲訃聞痛念夫柩未返乃鬻簪珥同父蔣星移姪蔣某赴京奔喪而父與姪俱卒於外氏隻身扶三柩歸里育子成立守節至六十歲而卒雍正九年旌浙江通志

陳氏潘元賓妻年二十歸潘姑孀居病風臥牀即脱簪珥營醫藥歷八無倦六載夫卒彌留時語陳曰吾素知子志

病姑弱子惟子是賴陳涕泣受命於是奉養益虔訓子益力守節三十七年雍正九年　旌浙江通志

周氏潘世貴妻年二十七而寡家貧舅姑老周每食不飽而奉舅姑甘旨必備子長教以詩書家聲不墜守節三十一年雍正九年　旌浙江通志

王氏張宏毅妻年二十五夫亡誓以身殉姑諭以養老立孤乃泣而受命治家有法内外肅然僕婦曹氏夏氏夫死不他適願奉事終身其恩信感人如此子光祖孫澍皆入邑庠有文譽壽至九十六卒雍正十一年　旌據徐立綱撰傳○案

通志據題旌冊宏毅作宏議王年二十二夫亡子未晬姑老且病性卞急臥床褥間有所欲卽難致者必立購以進呼之雖中夜不敢遲頃刻姑歿喪葬盡禮子稍長督課甚嚴不爲姑息愛守節三十二年雍正十三年具題與此傳異並存之

柴氏趙顯伯妻年二十適顯伯閱一載而顯伯亡繼姪志學爲後家貧鬻衣飾勤紡績以養舅姑有憫其勞瘁者柴曰吾夫以兩老人託我敢自愛其力耶守節三十四年雍正十二年　旌　浙江通志

陳氏庠生徐鼎鼐妻年二十八寡遺孤甫晬家無立錐人勸之他適哭拒不從事姑孝訓子有方雍正間　旌　乾隆府志

王氏錢大化妻年二十一歸錢閱九年大化病歿家貧遺子女各一皆幼翁姑既老旋復相繼歿氏竭力營喪葬悉如禮值順治初山寇未靖　王師南下氏攜子女避患城中備極勞勩卒年四十八道光三十年旌 備稿

章氏庠生徐節妻家故貧生二子而節亡章年二十七苦志堅守遺孤就外傅饔飧脩脯取諸紉紡適鋤園得藏銀一罐人咸謂天賜章曰無爲我累有詐言舊埋於此者即推與之宗黨益高其清操苦節四十餘年 嘉慶志

曹氏張思堂妻桐廬教諭應登女年十七適思堂生子潮

思學游京師客死曹聞訃慟幾絕及柩歸終日不離殯所姑勸之始不敢殉撫潮甚摯稍長即教之學篝燈紡績命潮從旁讀書寒不輟事姑孝姑老病晝夜不去側守節四十年卽甚艱苦未嘗咎命卒年七十五據諸以莱撰傳

管貞女父成順治辛丑武進士與諸生陳駛友善因以女字駛子教五未婚而教五殤管遂毀服固請從父往臨禮畢父命歸泣對曰兒來卽爲婦如欲歸豈肯來耶觀者歎息遂留止服喪繼姪爲嗣歷三十八年卒表微錄道光三十年旌闡幽甲錄

商景徽字嗣音冢宰周祚女薦辟徐咸清妻國色與女兄蘇崧巡撫祁公夫人俱能詩近世能詩家呼爲伯仲商夫人嘗闢庭搆藥欄設長筵發所藏書與咸清對坐縱觀暇則抽牘爲詩有林下風香閣倡酬金春玉映比咸清應舉放歸輦下諸公贈聯云 北闕上書爭識西京才子東軒賜食歸貽南國佳人一時豔稱之嘉慶志○毛奇齡徐仲山墓誌銘天台老尼自萬年來遥望見夫人合掌曰此妙色身如來也蓮花化身相好光明旣而咄唶曰善持之幾見曼陀長在人間耶於是君與夫人約且從老尼請發願寫妙法蓮花經三部以延其年又阮吾山茶餘客話商夫人年八十容貌如二十歲朝夕惟飲乳汁猶耽花讀書不衰

符氏馮宸鑣妻宸鑣年十八瘵疾將危娶符甫十日而卒符長宸鑣一歲族長老哀其幼遣歸母家符毀容誓死不去平生峭嚴聞一言非義輒怒形於色人多嚴憚之康熙府志

黃氏徐士接妻事翁姑克孝無子生二女皆幼族惡某氏比鄰也姑殁後某乘氏翁與夫外出薄暮借端入室摟氏欲犯之氏力拒呼號趨出獲免既而曰古人有污其臂而斷之者今若此何面目立於人世遂自經死時雍正某年月日也族人以白令求驗恐非氏意第囑族紳元玹爲作啟徵詩以表之嘉慶志

林氏張人傑妻年及笄歸人傑人傑年已五十餘未幾病死痛不欲生二子俱在襁褓中勉進饘粥以營喪葬撫子成立長子鳳閣乾隆甲子舉人官桐廬教諭乾隆四年旌據沈廷芳撰傳鳳閣娶范氏生子而殀納江南河工武弁劉漢光女爲妾仍無子鳳閣卒於任或勸劉他適劉跪泣主母前求自守遂襄主母扶柩歸里家貧無以爲生有鍾氏者亦早寡性好善晚年建經堂曰蓮碧庵俾劉主之劉遂杜門諷葉以終其身據胡如瀛撰傳○案張鳳閣郎張鳴巖字雲窗嘉慶志表既訛妾爲妻又另載鳴巖幾作兩人今從刊誤更正

管氏字陳溆將娶夫卒即撤環瑱矢志不嫁欲聘者以死拒之後因姑喪匍匐奔歸繼姪爲後已　旌乾隆府志

曹氏王珩聘妻貢生景範女未婚而珩死欲奔喪父母不可乃止終身不衣錦不赴宴有欲爲媒者輒哭泣不止珩兄有子維新曹欲立爲子陰遣媪齎銀到姑家使來聘兄女爲媳年四十過門立繼躬種植以自給乾隆十年　旌乾隆府志

蒲氏陶是聘妻是甫冠未納采而殂蒲飲泣不敢出聲志嶄然不可動先是是家有胡貞女家人待之有加禮是時

迎蒲歸以待胡貞女之禮待之乾隆十二年旌嘉慶志

徐昭華字伊璧薦辟徐咸清女咸清與毛奇齡遊會奇齡過其家傳是齋座客方滿昭華出謁奇齡命賦畫蝭詩信口立成一座大驚其母商景徽與女兄景蘭俱以能詩名景蘭有女湘君繼起而昭華名更藉甚一時有都講之目嘉興曹侍郎曰左嬪蘇若蘭後文章之盛無如昭華者後適諸暨駱錦襄著有花閒集徐都講詩陳其年序云問其桑梓千秋西子之鄉詢彼絲蘿四傑駱丞之壻毛西河集○宋長白柳亭詩話都講雅好蒔蘭自號蘭癡有素蘭詩四首長白嘗和之

袁氏曹湄聘妻年十八湄亡父母議再字袁泫然曰一女再字有死而已吾終爲曹氏鬼決不爲他姓婦也父遂白曹過門矢志以伯子爲嗣卒年八十有三乾隆十八年旌嘉慶志

祁氏山陰人字鍾受之未婚而受之卒父母欲再字堅不允願侍父母以終年五十五取鍼黹所積置田二畝付夫弟作夫祀產卒後歸柩於鍾合葬北門外乾隆二十四年旌乾隆府志

陳氏林鼎元妻守節自誓善事翁姑有堂伯欲奪其產逼

令改適仰天呼號欲絕者再乃已乾隆間 旌乾隆府志

嚴凝惠聖輔女字何文法未婚而文法夭凝惠遂歸何守貞布衣蔬食終其身乾隆間 旌嘉慶志參採訪冊

鍾氏三節孫氏鍾之藩繼妻年二十而寡撫遺孤昌敬昌敬年十七娶王氏甫半載而昌敬卒王年亦十七無子朝夕痛哭屢欲身殉族人苦勸乃止嗣子聞衣一名紹文年八歲撫教成立娶車氏未一年聞衣復病歿車年二十二時王存而孫亦尚在車爲節哀勉盡孝養後繼堂叔子如潮爲嗣孫卒年七十七王卒年六十六車卒年六十九一門三

節乾隆年間旌據採訪冊

王氏金其法妻年二十七其法卒遺四子長者才六齡家貧或連日不舉炊媒氏以爲困迫可誘也王正容對曰從一而終婦道宜然況藐諸孤作何存活遂截髮自誓媒乃不敢復言及四子成立娶婦生孫每會食繞膝成羣人謂苦節之報卒年六十有五據採訪冊

梁氏監生王繼華妻讀書知大義年十一父病臥牀禱侍奉數載無倦容後適繼華生二子而繼華卒營葬畢懷石投井家人驚救得免翁姑勸以養老撫幼含哀受命晝夜

紡績以供菽水鄰婦憐其貧固勸改適梁泣曰婦人從一而終豈以貧苦易志乃舉刀截髮婦慚而退守節四十一年乾隆三十二年　旌據採訪冊

張氏姚大芳妻隨夫居山僻間有惡少伺大芳出欲犯之不可誘以金不可乃以紅籐縛其頸曰汝不畏死耶氏曰死則死耳何刦爲遂殞命乾隆三十二年縣令孫震申請撫憲熊學鵬奏　旨旌其門曰貞烈維風嘉慶志

蔣氏謝甯湘妻精女工並通書史能詩畫年二十二適蔣甫一載夫亡矢志守節足不踰戶繼姪啓爲嗣卒年九十

一乾隆三十四年　旌沈奎補稿

陳夢蘭嘉女母黃夢蘭而生故名夢蘭秀美絕倫十齡博通羣籍工詩年十九未字而卒所著有繡餘稿沈奎補稿

田氏張啓楠聘妻年十六啓楠訃至氏悲號欲絕永矢靡他縞素臨喪繼姪爲嗣卒年七十四乾隆間　旌據採訪冊

沈氏年二十五謝四聞聘爲繼室未及娶而謝以沈痼卒沈毀粧奔赴撫棺大慟誓不返繼伯子爍爲嗣視若己出堅守獨居族人罕見其面乾隆間　旌據採訪冊

王氏陳餍書妻餍書貧不能娶親黨醵貲成禮朝夕所需

出王十指閒不一年屢書死屢書兒利王聘財勸之嫁不許私與媒氏約詭稱王母疾以肩輿迓王王詰之得實閉戶號慟不食者四日志在必死屢書有族叔石諧者聞而往詢之泣曰嫠婦誠不愛死特不敢以不良死俟餓死以全軀殼而已石諧譬慰再三始勉啜漿水其年爲雍正丙午石諧鄉試得雋力庇其生後諧病歿王與諧妻相依作苦以終表徵錄道光三十年旌闡幽甲錄

謝氏二節謝鳳輝繼妻徐氏及其子景燦妻章氏也徐年二十二寡舅姑在堂姑性尤嚴徐曲得其歡心章一以姑

爲師年二十六景燦疾革刲股以療不效事姑撫孤備極勞勩孤長遠遊不顧養姑婦兩人往往爨火不續怡如也徐卒年七十一逾年章亦卒年五十二表微錄

顧氏二節顧懋忠妻張氏及其子敏政妻羅氏也張年二十五夫亡遺孤方三歲長爲娶婦閱十年生子方儒而敏政又死羅年二十九故儒家女素不諳織作張教督有程不令預家務及宗黨慶弔往來事羅亦甘之或誚其過苛張不辨也遠方儒授室張始假詞色而羅亦以節著張始喟然曰守節何易言惟耐勤苦則志益堅定耳聞者韙之

表微錄　道光三十年旌　閫幽甲錄

金氏陸時蘭妻蘭遇虎悸死金事舅姑六七年舅歿姑老悖聽族人言日逐令改適金欲自殺其子挎而號因謂族人曰爾逼余嫁不過圖身價耳今死汝前則價不可得明矣其人懼姑亦自悔守節六十八年　乾隆府志　道光三十年旌　閫幽甲錄○案備稿據採訪事實稱陸時蘭妻金氏順治十年年二十六守節撫三子泰望龍晝夜紡績卒年六十有九與此語頗不合附錄竢考

徐安吉字子貞安成字集生姊妹齊名安吉游山寺詩云秋老鐘聲度穿雲入亂煙佛窮燈火絕山缺響聲傳望野

橋欹路通厨竹引泉白雲心不礙飛去復飛旋山莊示玉巒云君志能高蹈荆寒亦解顔豈如盟白水願其買青山異鳥嘗窺戶高人自掩關呼雲溪亦應好其賦潺湲安成嫁陶氏其月夜同玉妹納涼詩云拂石坐南林颼颼梧葉陰雲歸天氣淨蟲唧草根深頼此今朝月來披舊日心更闌燈欲盡微露冷裳襟西湖覽勝詩選

周氏三節朱氏周于玉妻玉早亡無子撫繼子一夔如已出終身不踰外戶一夔亦娶於朱生子价人而卒姑媳相依課价人成立爲娶潘氏以家貧遊陝客死潘欲自盡者

再念姑老無子强起紡績姑死喪葬盡禮繼杜姓甥爲子卒年七十餘乾隆府志

許氏廣德州吏目謝偉才妾蘇州元和人偉才無子納許年巳六十餘又十載卒許年二十六遺孤憲祁方七歲主母陳令他適許曰主人歷仕途有清聲幸獲此子天不絶其後而妾棄之是棄天且棄主也安貧矢志撫孤成立卒年六十有八據謝昹撰傳○案嘉慶志表妾作妻誤

張淑蓮字品香知州鳳翥女州同夏毓圻妻幼穎悟八歲即受詩於其父年二十適夏侍奉舅姑克循禮節著有澂

暉閣詩草詩質而有文無脂粉語壽九十六親見其孫謙舉京兆試沈奎補稿

趙氏王宏仁妻宏仁卒趙年二十三遺孤裕春甫四齡家貧翁老勤紡績以佐甘旨嘗篝燈伴裕春夜讀輒泣曰王氏一脈不絕如綫先世血食書香全賴汝矣守節三十餘年備歷艱苦乾隆四十八年旌沈奎補稿

陳氏監生李鼎妻幼通書史事父母以孝聞既笄歸鼎鼎銳志讀書得痼疾以歿陳年二十五痛欲殉時鼎姊適蔣亦孀居依母家泣謂曰李氏一脈賴爾腹中一塊肉奈何

忘之陳爲節哀逾二月遺腹生一子兩遭回祿家業蕭條日以紡績治生躬自課子慶志慶乾隆四十八年旌備稿

王雲姑嗣昆女年十五字餘姚褚某未嫁而褚殤矢志不嫁旣而父母兄嫂相繼死姑躬自抔土築墳天寒手盡皸觀者皆墮淚及兄子女漸長婚嫁畢而姑亦勞瘁死嘉慶志○

李方湛王貞女行王家女年十五目不知書蹈規矩字阿誰姚江褚未見褚家郎已屬褚家婦郎恨黄泉不可招妾自空房廿獨守王家女命何若幼喪父長喪母兄嫂相繼歸黄土女獨何歸淚如雨巍巍三尺墳未隨爺孃兄嫂去欲安爺孃兄嫂魂天寒日暮十指皸墳頭土盡是貞女血所成姪已婚姪女嫁貞女肩今日卸貞女身明日謝貞女之名高泰華

沈氏周允貞妻歸六載而寡生子三值翁疾革刲股療之不數年翁復疾復刲股孝養備至翁年八十九以壽終後沈數有疾三子元孝元道元吉暨元道妻沈咸刲股以療及元道妻疾子建中偕媳張亦俱刲股和藥人咸謂孝節之報嘉慶志　乾隆五十三年　旌備稿

徐氏王克明妻克明以苦學積疾死徐年十七慟哭自誓剔髮一縷殉於棺終身不衣彩不赴宴事舅姑孝撫嗣子懋昭慈而能嚴治家有法內外咸服守節三十五載乾隆五十八年　旌嘉慶十二年懋昭捐節孝祠田十畝以廣

祠與且充祠内公貲遵母遺命也嘉慶志參備稿

陳淑旂字鏽莊諸生志學女適戴學連兩年而寡苦志自矢究心内典尤善鍼灸小楷略似乃翁閒吟近體詩亦工繼猶子爲嗣其醫術傳女弟子潘恆貞乾隆府志

車氏監生曹赤蓮妻孝事舅姑姑將卒以兩小姑付之親愛如同產越六年而赤蓮死遺一子二女舅因喪子病劇車乃節哀與兩小姑侍疾晝夜不懈舅見人輒掩涕曰孝婦年五十四疾革以不得終事其舅爲憾時舅年已八十有三矣表微錄道光三十年旌闡幽甲錄

沈氏侯官巡檢陳侗繼妻娶未期侗卒於官沈年十七盡賣衣飾歸侗喪力女紅以養老姑家貧無爲後者苦節六十年卒表微錄道光三十年旌闡幽甲錄

徐氏聞友瑞妻婚一月友瑞商於外越十二年病歸死徐痛聞氏無後賣嫁時粧爲翁置妾生子月餘翁姑相繼歿徐襄庶姑撫孤叔成家表微錄道光三十年旌闡幽甲錄

某氏趙某妻婚時夫已病劇小姑代成禮是夕見夫於臥榻側已不能言以所常用折疊扇與氏遂逝氏哭之哀爲夫立後男子自七歲以上不得入其室子既長娶媳廟見

後氏病從容呼其子婦曰爲我袒左臂則故夫所貽扇巳陷臂寸許至是人始知其事而氏死矣嘉慶志○案乾隆府志但書某氏某人妻與山陰陸世貴妻戚氏頗相類嘉慶志作趙某妻或有所據

金氏倪楷妻年二十六而寡無子姑每與人言金孝輒至涕零一日夜縫紉有無賴子撬門入金呼號哭詈乃驚竄卒年五十三乾隆府志

陳氏葛繼緒妻年十四適葛生子廣文甫一歲夫死姑相繼歿舅令改醮不從乃囑無賴子百方誘脅卒不爲動日勤刺繡以給養久之舅爲感悔廣文性篤孝陳病危刲股

內入藥陳少瘥而廣文死陳亦旋卒表徵錄道光三十年

旌闡幽甲錄

陳氏呂再陽妻奉化訓導兆成女適呂四年夫病歿嫠居矢志家在野田中一日偷兒入其外室陳秉燭治女紅若不聞者少頃攫物以去婢請其故曰我寡婦也汝又不能追捕倘叫呼而救者不至所失豈至財物耶婢歎服其妹適諸生葛景桓嘉慶志表桓作垣誤亦嫠居四十一年以完節稱表徵錄俱道光三十年

旌闡幽甲錄

顧氏陳秉均妻秉均貧劇爲贅壻未一月出門不知所之

氏倚寡母越三年有自福州歸者言秉均道死歲月有徵時氏年十九母勸改圖氏引刀自剄母泣而止之斷一指示信日夕從其母紡績母病刲臂肉和藥勿效慟絶復甦鄉老爲醵錢殮殯送殯歸奉母木主徧拜里人之出錢者曰母事畢兒願亦畢不敢再煩長者火兒屍得免暴露足矣言已闔戸久不出鄰嫗穴窗紙視之傫然偃於床排戸入氣息已絶鹵盎在几而所服衫袴上下緘縷交綴好義者復爲營殯母棺之側既殯羣鳥悲鳴其處累月始散時乾隆二十三年也嘉慶志道光三十年旌闡幽甲錄

趙烈女父子儀歲貢生字胡士倓聞士倓殤摘珠珥衣布食蔬矢志不嫁父母曰若尚不識胡郎面爲誰守耶對曰旣字之郎關名義奚識面爲居無何聞有媒氏至遂斷食飲父母百方曉譬不應越五日卒表微錄道光三十年旌闡幽甲錄

錢十一姑諤言女母病焚香禱天願以身代乾隆甲午夏鄰火延燒姑時十四歲方治早炊母與四歲弟睡未起姑入寢擕母出母命救弟復冒煙入火烈不得出與弟俱焚死乾隆府志道光三十年旌闡幽甲錄

葉氏謝學峯妻婚月餘夫死父母舅姑勸改適以死自誓姑勸益力葉勸立夫後然後嫁舅從之父爲擇配氏曰向以兒無依爲兒遠計今兒有子矣父何慮孝事舅姑終不還母家表徵錄　道光三十年　旌閫幽甲錄

劉氏庠生倪綸妻綸故貧癖愛書脩脯所入輒付書肆暨卒遺孤二皆幼劉忍苦自勵會歲歉日不能舉火或勸鬻書易米劉曰我夫一生精神盡寄於此寧餓死不忍棄也每歲除懸夫像出篋中書涕泣陳之課子讀具有程則表徵錄　道光三十年　旌閫幽甲錄

王三姑廷相女母早亡事父維謹後父臨危以手指姑而逝諸弟尚幼經理喪葬哭泣甚哀紡績鍼黹撫育諸弟或有爲媒者輒以父手指事爲謝四十八歲卒乾隆府志

朱氏謝麟妻年二十五寡姑以家貧欲奪其志氏曰姑老而失明遺孤方數月將何所依晝夜勤女工以給衣食年七十一卒乾隆府志

葛氏謝采妻未婚采得狂疾及歸殫力調護垢穢不辭年二十五采卒氏以死自誓後病不服藥卒乾隆府志

杜氏諸生趙彥典妻乾隆二十年邑風潮爲患氏命子維

熊等悉免佃戶租並呈縣移文福建買米散給貧乏全活無算總督哈公給匾旌之卒年七十一嘉慶志

張女父德甫見同里庠生謝元杰器之贅爲壻張聞姑唐疾告其父曰所以娶媳者爲老疾故也今姑疾不歸如婦道何遂歸侍湯藥日夕繞牀前無倦容一日姑疾革夜焚香告帝祈以身代遂伸臂持刀刲股肉肉未斷再刲痛不可忍輒呼母而暈適長姒趙聞聲趨出見血淋漓沾裳卧地未甦爲紮瘡扶持詣牀禱曰張進股肉於姑僞託爲他肉也姑食之愈張喜曰帝既許以身代吾其不久在人

世矣越三日卒嘉慶志

方氏庠生王蕙妻事姑鄭克孝姑病多方療之罔效氏情急籲天刲股調藥以進姑服之愈而氏瘡潰不可治數日死嘉慶志

倪氏庠生李懋德表作德懋誤妻懋事親孝早世倪謹承夫志姑老多疾日侍湯藥歷久罔倦紡績撫育遺孤課讀成立年九十六

欽賜粟帛以節壽　旌表嘉慶志

張氏山西陽城人邑之甲仗村有符節者客幕山西遂娶

爲厥後節任新水典史甫一載節病謂氏曰我病亟必死汝回籍余兄嫂必逼汝嫁汝可速死氏悲泣不能言徐曰聞醫言君病可不死萬一君不諱我當扶柩歸可速死耶及死貧不能歸葬氏倚母家越一年孀親山陰陸楷令河南回始聞之遣僕從送柩歸葬氏偕楷母歸至塘西絕食者已八日乃歎喟曰今得從吾夫於地下矣遂卒時年二十三楷母爲合葬於甲仗之某原嘉慶志

楊氏徐在仁妻年十九歸在仁居塘灣外沙鄰里視再醮爲常事氏每正色規之越四年夫病籲天祈代醫云症不

可治泣語妯娌曰天如不佑當從夫地下聞者竊笑及夫卒卽投屋後池中死撈取視之聯紉上下衣極周密顔面如生與夫同日殮葬鄉里莫不流涕嘉慶志道光三十年旌闡幽甲錄

袁氏徐裕士妻婚未及朞夫病死氏以頭觸柩誓不獨生不食者五日其姒委曲調護飲以糜勉毀之防護稍疏竟投門外池中死年二十一嘉慶志道光三十年旌闡幽甲錄

朱氏周履旋妻履旋由東溪遷西南城外附郭而居朱敬睦上下人無間言及履旋卒矢志堅守足不踰戸凡族有

逋負未清遭訟累者輒代輸之已　嘉慶旌志

王氏葉天一妻年二十四家失火天一因救父捧各宗主被火焦爛死翁姑痛子喪無依輒廢食王斬指爲誓求翁姑勿憂事奉克孝教子有義方已　嘉慶旌志

張氏王日升妻日昇久客朱仙鎮姑陳病革氏情極思刲股可療而卒不效遂因傷重瘡潰後姑五日卒時乾隆壬寅八月二十日也　沈奎補稿

陳氏張若瀛妻瀛嗜酒賴氏從容進言飲爲少減然積膈成疾漸不可治陳侍左右調養有年一日謂陳曰吾居無

屋食無田死後攜子他適惟爾自便陳曰此禽獸事若夫婦則從一而終分也瀛笑而卒棺槨衣衾一無措陳哀請母家父憐之始獲殮日事紡績以養三子辛苦非所計也卒年八十有六嘉慶七年　旌據唐聖賛撰傳

陳氏王維岳妻年二十四夫亡屢欲身殉舅姑勸慰乃止房中懸夫小像輒相向泣曰妾之不從君死者以君雙親老故也苦節終其身嘉慶志嘉慶八年　旌題旌冊○案表內又載陳氏王維嶽妻府志僅有維岳岳嶽俗通疑即一人删之而附識於此

周氏陳我彭表作我彰妻年十九夫亡家窘甚日勤女紅奉舅

姑得歡心及舅姑殁躬自挽土對塋苦守終其身繼姪爲嗣嘉慶十年旌嘉慶志參備稿

胡氏謝伯元妻年十九適謝伯元殁於疫遺孤聖垂方三歲復遭夫祖母喪夫弟仲亨與其妻又連日死寡姑悲痛不知所爲氏獨任其艱措置有方守節撫孤歷艱辛者五十載卒年六十九嘉慶十二年旌據謝賜撰傳○案嘉慶志表一名兩載今删其一

成氏太學生王尚絅妻年二十六寡事姑孝遺孤二齡居近山時多虎患一日姑爲虎所啣氏驚知逐虎奪姑虎奔

氏追至山上石巖間虎放其姑逸姑已氣絶氏痛哭不欲生隣族勸之氏曰吾夫早亡姑又如此所遺之孤望族人善撫之遂觸石而死里人悲之號其巖爲王婆巖嘉慶志

顧氏適阮生阮早夭家貧撤環瑱以養其姑姑卒有富室聞氏賢往求之氏泣曰妾之不從夫即死者以姑在也今姑已死妾亦從此逝矣遂自縊嘉慶志

孫氏王志鎬繼妻會稽孫麟盛女年二十五歸志鎬志鎬負瘵疾婚月餘嘔血死氏號慟欲殉舅姑强起之繼姪望霖爲嗣事舅姑孝課繼子嚴切有方足不踰閾婢僕肅然

嘗遘危疾子婦請延醫孫曰我未亡人也若不見我謁伯叔尚顏頏而令醫視我乎竟勿藥而愈居近曹江屢苦潮患捐錢八百緡命望霖董修無量橋閘邑人賴之嘉慶十三年　旌孫振綱道光辛卯舉人撰傳據茹棻撰傳

陳氏胡鈁妻鈁幼失恃繼母劉撫之成立娶氏淑慎閒靜事劉克殫婦道嗣劉患癱瘓疾臥牀褥十餘載會鈁遊幕在陝妯娌六人凡湯藥抑搔穢褻諸事皆氏一人任之丙夜猶侍牀側一日氏方乳其子如沉聞劉呼喚聲疾趨牀前劉正酣睡而外間棟折樓崩樓下器物俱壞衆譁然氏

趨出視之則氏乳其子如沅處也人謂氏孝感所致後如沅以征苗功官永綏廳同知嘉慶十五年旌嘉慶志

趙氏陳學大妻幼以孝聞母病籲天刲股以進疾頓愈年十九歸學大克敦婦道每痛翁姑不逮事歲時致祭必敬學大卒無嗣趙年二十七夫兄欲奪其志持刀欲自刎鄰婦驚救夫兄慚憤析其家趙隻身苦守邀宗族爲夫立後卒年六十五沈奎補稿

唐氏曹夢蛟妻青年守志饑寒交迫繼子先亡孫復不肖年八十餘竟以窮餓死備稿

俞氏王勝義妻勝義客京都聘氏未婚父母相繼歿氏父欲令改適氏日夕飲泣屢於密室自經適媒氏聞之趨告王姓族人咸嘉其節囑媒氏與氏密約他所肩輿昇歸令族女昭穆相當者作夫壻狀成禮自是勤紡績度日待夫歸越四年夫歿京邸氏聞凶慟哭倒地欲自經族人力救得釋數日死時年二十有九嘉慶志

沈氏黎靖九妻蘇州人靖九學藝於蘇遂娶焉家貧佐夫養姑克盡婦道姑卒歸葬家益落生子女各一皆幼而靖九死沈年二十八忍饑耐寒日則採薪夕則弄杼後子又

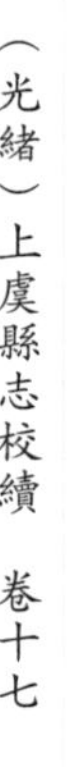

死筋力衰疲不能自給寄食女家以終嘉慶志

楊氏趙秉茹妻性端淑夫以力學患瘵病革籲天求代及卒慟不欲生族黨以翁姑老孤幼相勸勉爲一啜粥束髮稱未亡人未幾姑卒哀毀盡禮先是翁以子亡傷悼見楊孝慈勤儉綜家政條理秩然乃大慰日與朋好嘯傲山水間飲酒賦詩其子樹元長亦能自立氏年五十一卒天台齊召南爲立傳巳嘉慶志○案趙琴楊旌氏傳秉茹作秉恕

陳氏顧名臣妻見人以貧窶故鬻妻氏贈以金得不鬻窶人感謝去嘉慶志

魏氏田疇妻疇卒氏年二十三誓不獨生欲割耳納棺中諸婦奪其刃血已汚面屢欲身殉勸免乃止事姑三十餘載克盡孝道撫孤成立年六十三舊作年五十六據田氏譜改正卒嘉慶志○

案田氏譜疇字禹範節婦表字名分列竟作兩人今刪其一

賈氏李積功妻年二十八寡孝事老姑育孤子迭遭水荒米價騰貴賈以飯供姑己食糠粃而姑不知也生平不苟言笑年五十九卒嘉慶志

王氏葉成彩妻名岱姑生子女各一皆幼而成彩卒王年二十四家故貧以竭力醫療營喪葬日益窘其姑强使嫁

王向夫塋慟哭欲自盡遂不復强性温柔而力頗强健忍饑受寒日任男職夜勤女工養老字幼卒全其志嘉慶志

竺氏徐連妻早寡遺子二女一貧無食日挑薪菜砍蘆柴爲生血淋漓十指間夜則篝燈紡績坐二子於旁課之讀守節五十餘年嘉慶志

葛氏徐紹琪妻年二十三寡生子甫六月舅姑垂老家徒四壁矢志守節舅姑病兩次刲股夫弟欲析居多方勸沮不聽遂成心疾臨危時猶呼其子進舅姑饌食也嘉慶志

周氏徐永旭妻年二十四永旭卒子二先是其姑孀居家

貧出傭於人積工資娶周未幾母子相繼歿周痛姑之志乃翦十指鞠孤屢絕食則閉戸餓絕不告貸足不出戸者三十年迨孤成立及弄孫而終年八十四嘉慶志

李女陳彤史妻婢也年二十三彤史夫妻病革囑以撫孤李再拜受囑後並歿李於柩前矢志不字撫陳遺孤成立既婚配生有子嗣復相繼死絕李子立罔依竺宗海妻彤史女也亦孀居以李義且貞收邺同居卒年六十三嘉慶志

徐氏王子才妻年十八歸王時子才年已三十有六閱三年病歿徐撫孤誓守兄某謀奪其志矯母命勸歸徐覺其

詐不往屢促之乃割臂肉付兄曰可持此一臠歸請母安討遂寢卒年九十一據王氏譜

金氏陳艮士妻年二十五生子二艮士死饑寒交迫日操男職夜勤女紅時長姒艮乾妻梁氏亦貧而寡且無子金以長子繼之相勵其守數十年無間言嘉慶志

夏氏陸舜山妻年十二即嘗糞辨父疾十六母疾復嘗糞辨之二十二適陸甫二月翁哽魚骨不咽者累日氏情急默刲股爲湯進之立愈後翁七十餘患噤口痢百藥勿效氏禱天復刲股進之沈痾頓起姑夙患心病每發號呼不

止氏又刲股以進終其身不復發翁姑覺有異潛察得其實乃嘆曰恨無以答我媳里黨僉稱賢孝嘖嘖不置口嘉慶志

趙氏田浩然妻浩然殁無子趙年二十六抱屍痛哭誓同死屍目忽開時浩然母染疾謂趙曰予病若斯賴汝以不死汝死予必不生汝夫不瞑目者此也趙遂斷髮殉於棺朝夕奉姑惟謹撫夫弟沛然成家後立沛然子爲嗣卒年六十三嘉慶志

計氏陳萬灝妻濮州人萬灝客濮遂聘焉疾亟而婚甫四

日遽殁訃年十四父母憫其幼勸再適訃曰兒命不辰已生死爲陳氏婦矣遂不遠數千里促裝扶柩歸日夕紡績以奉舅姑年八十三終嘉慶志

倪氏監生陳應運妻知書習禮姑病疽潰見腑臟倪屬疏禱神求代疽遂痊越數年家病疫日夕偕夫分侍庶祖姑與姑側旬餘二姑與夫間日卒倪扶疾治喪哀毀盡禮時年二十八遺孤甫八月矢志撫養挑燈教讀已勤女紅年六十卒嘉慶志

婢李氏少倪四歲應運死倪撫孤子立母家遣李暫相扶持時年二十四後遺嫁有日矣告倪曰願終

事姑娘爲婢決絕言之俔曉以大義堅執不可卒年四十七沈奎補稿

羅氏陳元勳妻年二十三而勳歿家貧甚歲復連饑羅勤紡績撫遺孤有時終日不得食飲清水數杯未嘗向鄰婦作乞憐語卒年六十二嘉慶志

吳氏庠生陳恆九繼妻年二十二夫亡遺孤甫三歲其母勸改適吳泣曰兒慮保孤難耳饑寒困苦雖死不悔因斷其左手小指血淋漓下曰未亡人十指應不全也日夜紡績饘粥自給宗黨罕見其面卒年六十九子宏儒邑庠生

嘉慶志

徐氏陳揉邦妻年二十生子女各一子甫五月而揉邦卒忍苦守節未幾子又暴亡志終不易及女長適林迎養再三堅不往後女年二十四亦無子寡始依女同居每歲時及夫忌辰必歸致祭年七十餘有販夫偶與並坐徐勃然變色販曰姥年老如吾祖母庸何傷徐曰男女有别豈以老幼殊耶販歎息而去嘉慶志

俯玉蘭謝堂繼母婢也亦名多姐鄞縣人依主母操作誓不適人卒年七十九葬隱嶺嶴御史安吉郎葆辰題曰義

婢何玉蘭之墓

沈奎補稿○郎葆辰老多姐歌丈夫齷齪不足取我取君家廚中之老婢老婢曷爲來母歿父獨存更無兄與弟但有花間姊妹同株根阿爺連年貧且病食無藜藿衣無褌有女如花不能嫁即能嫁之難爲婚女在阿爺受餓死不如鬻女或得謀雞豚人生貴賤會有命何妨作婢婢烏衣門自入君家來多姐錫以名依依主母前宛轉若有情事主如父母幼主如弟兄井臼及鍼黹努力爲經營纖纖縑素日五丈秋風夜夜聞機聲憶昔初來時宛宛三尺長屈指數年華看看二十強不願同心鏡不願合歡牀不願化作雙鴛鴦但願生生世世長在主母旁主母有孫孫有子至今多姐猶不死誓以殘生報主恩歷五世來尚如此鼎鼎春秋七十三滿頭霜雪鬢鬖鬖一生自問無他志得盡愚誠死亦甘吁嗟乎老多姐何其不母而慈不妻而寡抑且不子而孝不臣而忠也吁嗟乎老多姐

商氏監生陳雲史妻年十八雲史卒無子商矢志守節終

身不事膏沐不赴宴會勤紡績孝舅姑足不下樓鄰黨閭其節不見其面者五十餘載卒年七十六嘉慶志

李氏倪礽耀妻礽耀素不得於父母姑嘗遷怒於氏氏執禮愈恭一日姑病劇幾死者八九俄而忽愈家人莫知其故第見氏恆以右手抱兒不稍易苦詰之始知有股瘡在左也已而氏母病亦篤氏又刲右股療之沈奎補稿

聞人氏字馮宏範年二十宏範卒氏聞訃謂父母曰女雖未婚義屬夫婦願往一見父母强許之甫入門以吉服見舅姑後即衣衰經撫棺慟哭出謂其從者曰我受馮氏聘

卽爲馮氏婦終身不作歸計矣事舅姑曲盡婦道貞守數十年足不輕至外庭撫夫弟長子恆爲嗣篝燈課讀以至成立年六十九而卒嘉慶志

張氏謝九錫妻年二十適謝越八載夫病卒臨危謂張曰汝無子奈何對曰有姪在忍使君絶嗣耶割臂肉示無他志遂以姪克俊爲夫後卒年七十餘據謝賜撰傳

陳氏謝冞九妻太學生聖玉女也冞九經營失利外出罔音耗者數年家窘甚氏奉老翁繼姑皆得其歡心未幾姑卒翁臥病十餘年氏力勤紡績侍湯藥供甘旨而自咽糠

粃未嘗一語怨及其夫同邑陳氏葛南金妻夫亦外出舅姑夙膺疾病臥牀褥氏代供子職侍奉湯藥不稍離鄉黨戚以孝稱 嘉慶志

趙氏陳奎光妻年二十二而寡事翁姑孝撫繼子慈孫經元捐置沙湖塘守望田畝嘉慶十四年又鬻産以賑饑餓巡撫阮元以義行旌其門 嘉慶志

屠氏會稽屠必衡女幼聰穎識書善鍼刺長字劉永春將婚而劉病歿泣誓不再字父母嘉其志許之遂素服歸劉事翁姑如事父母翁乏嗣勸翁納妾舉一子未幾翁姑相

繼逝居撫夫弟成立守貞二十餘年足不出閨嘉慶間合李宗傳詳請　旌據采訪冊

紅蘭芳女名桂姬甫六歲父母相繼卒家貧不能具棺殮鄰有徐氏者爲之經紀其喪女遂育於徐後徐女歸倪女亦隨往及年長不願嫁佐徐氏操井臼終其身嘉慶十七年卒年六十九據采訪冊○案備稿入孝女且倪徐氏誤作倪陳氏今正

鄭二姑士俊女士俊無子生女五四女皆于歸二姑以父母故不適人先是父病二姑年十四籲天求代刲臂肉食之病霍然嗣父母相繼死家貧二姑兜土築墳族有强暴

者利士俊徵產逼二姑嫁二姑曰如父母蒸嘗何乃集宗族爲父立後並以其事白諸令撫繼弟成立門祚漸盛戚黨咸稱道之嘉慶志

田氏羅應棠表作應豪誤妻應棠卒田年二十六家貧勤女紅自給時或絕食鄰家有饋薪米者堅卻不受後以壽終嘉慶志

謝氏徐元德妻年二十九寡家奇貧衝寒冒暑採薪易米奉舅姑哺孤子而已時或受餓嘉慶志

徐氏陳宗巽妻事父至孝父年五十餘無子勸父置妾雖

頷之不果爲擇配泣對曰女無弟誓不適人父感其言納妾生子既歸陳舉二子而宗異死時年二十六慟欲殉父勉之曰汝夫死遺孤恃誰汝死是絶夫嗣也乃節哀營葬家貧紡績育孤時或餒有憐而周之者輒卻之嘉慶志

阮氏朱協公妻年二十三寡生子二家酷貧出則作苦田間入則紡績燈下非禮之物一毫不取訓子尤有義方嘉慶志

張女名貞懿夙穎敏日誦列女諸傳不輟字王如椿未婚如椿死訃至方刺繡即以翦裂其帛毀妝易服誓不再適

富室錢氏聞其賢遣媒問字號泣欲自盡父母不忍强而止母唐病革繕疏告帝求代母病頓愈後數年父病刲股和藥以進及卒母老弟幼喪葬之事獨任之家貧日勤紡績奉母教弟以終其身嘉慶志

王氏許三才妻三才嬰宿疾成婚後疾漸篤氏侍湯藥無虚日越三載卒氏年二十無子日夕臨柩旁慟哭及一載有勸以他適者氏聞言鍵户不出晨起叩其門已縊死矣據採訪冊

黎氏名冞姑年十四適章錦尙錦尙祖克峻父鶴俱諸生

嘉慶七年錦尙溺江死氏聞凶欲赴江以殉念無子志爲夫立嗣乃止有長姒亦寡而悍其子與錦倘同舟溺死常思佔氏貯物并利氏聘金百計逼氏嫁甚至絶氏飲食氏終不屈姒計沮乃陰謀惡少刦氏嫁氏覺遂閉戸服鹵不死復服生椒數合促之死鄰族鑿戸入見氏遍身巾帕纏繞不可解嘉慶志

杜氏王起鼇妻嘉慶九年冬起鼇死氏日夕悲號逾年春投屋側池中未死前一日告翁姑曰事兩大人有伯叔在媳未亡人不如從夫早亡翁姑雖勸之而未及防竟遂其

志死時年二十有七嘉慶志

黎氏章紀妻紀死於水無子氏年二十九家奇貧苦守終喪或有勸之嫁者氏懼不免遂仰藥死嘉慶志

毛氏王永仁繼妻生一女夫死思殉之强起治喪葬畢歸告姑曰所以苟延旦夕者欲一臨其穴以安夫君耳今事畢敢以弱息累姑遂扃户縊年二十三時嘉慶十九年也據採訪冊道光三十年旌闡幽甲錄

任氏王時化繼妻生子宗桂甫十歲而時化卒家有庶姑老而聾惡親賈賺宗桂他出夜入其室任大呌哭詈四鄰

聞知鳴於官令劉大暄旌其節曰履潔懷清據王琖筆記

朱氏庠生陳松妻舉人亦棟女能文夫婦相得爲詩書佳偶松早歿無子女朱毀容勵志奉姑益篤姑歿安葬畢焚稿自盡沈奎補稿

上虞縣志校續卷十七　列傳十三

上虞縣志校續卷十八

列傳十四　列女

袁維嶽妻　袁鍾奇妻　陳其昌妻　劉魁一妻

羅富周妻　朱女　錢學沂妻　俞女

周世清妻　徐聞政妻　薛清標妻　韓烈女

周國器妻　趙對妻　謝品和妻　顧梓妻

俞翻慶妻　宣斐章妻　王必達妻　單文軒妻

沈炳文妻　厲伯吹妻　葛譽章妻　葉宗玿妾

何學詩妻　石維嚴妻　趙志廣妻　嚴氏三節

陳廷椿妻　邵女　謝五十妻　陸繩標妻

陳允信妻　徐世勛妻　陳望茂妻　王怡一妻

林卓然妻　陳小姑　章氏二節　陳光臻妻

夏際盛妻　王天貴妻　王吉慶妻　陶錦華妾

葉氏二女　陳維淦妻　杜作相妻　錢日鶱妻

謝正來妻　李廷璋妻　夏豹妻　陳蘭君

駱八妻　章增祥妻　王林高妻　程芙亭

賈烈女　夏一姑　經女　陳漢章妻

方萬盛妻　姚氏三烈　姚寶興妻　項德表妻　子文清妻

許氏三烈　鍾復燦妻　周德法妻　余萬林妻　許朱
氏　姚釆卷妻

嚴氏二女　馮琴姑　錢友德妻　錢謝二烈

張兆元妻　謝鈴妻　鄭慶標妻　俞培義妻

金氏二烈　朱見衡妻　陳魯眉妻　黃景山妻

陳氏四烈　羅氏二烈　謝洪生妻　曹棠階妻　宋文
光妻　葛攀龍妻

陳邦燿妻　朱葵之妻　陳駿彥妻　倪邦顯妻　龔懋
修妻

陳葉青妻　謝天錫妻　車秀姑　宋士蛟妻

錢徵智妻　王杲妻　曹立標妻　沈氏三節

沈廷圭妻　王士浩妻　曹氏二節　謝氏二節

王泮妻　潘氏三節　何玉池妻　高志林妻

沈榮培妻　徐姐姑　張善貴妻　任大姑女弟小姑

萬福貴妻　錢長卿妻　陳賽麟　魏烈婦

葛廷彥妻　夏十一姑　顧淮妻　經緯妻子元勇妻

王友之妻　王月姑　顧氏二節　朱小姑

陳奕堂妻　嚴秀貴妻　杜文美妻　夏壽培妻

錢瑞芳　王欽泰妻　盧茂和妻　徐廷燦妻

何增妻　丙戶徐氏

附見存列女

謝珩妻　虞東耀妻　王本源妻　項泉元妻
陳秉仁妻　李女　王恩詔妻　錢作霖妻
呂昭姑　鄭鳳姑　徐方卿妻　陳善慶妻
龔企蘭　袁晉妻　李順姑　徐淑貞

國朝二

鄭氏袁維崧妻常倩維崧講大學詰之曰聖人之書言修己治人如此今之學者所讀何書見陳相國遺規一書愛之手不釋卷生平不苟言笑三姑六婆無入其門薄於自奉而虔於祭祀將卒戒其夫曰無厚殮無作佛事速葬舅姑之旁或盡子婦職也趙琴課餘卮言

鄭氏會稽監生絅尚女年十六歸袁鍾奇時鍾奇父已歿

而大父母在堂鄙以不得事舅奉姑趙益謹又代姑事太
翁姑咸得其歡後姑患疽疾躬侍湯藥閱兩月無怠意疾
急每抵暗室獨泣竟夕不寐又恐傷姑心出見必去其啼
痕姑卒哭失聲水漿不入口者數日未幾太翁姑相繼逝
家業日益繁鄙相夫克儉克勤葬祭極誠敬年三十八卒
鍾奇感其賢竟不續娶據趙琴撰傳
何氏陳其昌妻性端淑夫病瘵疾篤禱以身代卒不起時
年二十七夫遺言孀婦不宜往來人家何謹誌之雖宗黨
宴會未嘗預俗重巫覡有以燒香勸者不應或問其故則

泫然曰泉下人命予矣如是者二十年以疾卒道光三年

旌據陳宏昌撰傳

徐氏劉魁一妻年十七歸劉逾年舅歿夫又卒痛不欲生念孀姑無倚不敢死未幾姑遺腹生子誠一徐欣然曰承祧在是矣家貧晝夜紡績事孀姑歷三十餘載誠一生二子徐以其長子堯德爲夫後嘉慶志道光七年旌題旌冊

何氏羅富周妻富周卒遺二子俱幼家又貧氏矢志苦守賴紘纊所得課子誦讀後次子寶森入翰林改刑部主事道光九年旌據採訪冊

朱女父名鈐字錢塘鄭暎文年十七鄭歿女聞之矢志不再字而未明言也迨父母將爲擇配始達其意欲强之暗吞金環救之得不死由是知其志決遂聽之道光十年旌又十二年而卒年六十二據採訪册

陳氏錢學沂妻學沂客蘇州死陳年二十九遺孤紀勳甫五齡督課綦嚴家貧修脯不給以紡績佐之後紀勳由歲貢就訓導守母夙教有文名道光十七年旌備稿

俞女名清得雲會女父卒時女年十四家食維艱兄外出業賈弟尚髫齡獨母在家又多疾病女矢志奉養以母病

不痊誓不遠離至嘉慶二十三年母歿女年已逾五十哀毀逾恆道光三年弟焱呈請學政杜堮給貞孝邁倫匾額表其門沈奎補稿道光十八年旌題旌册

鍾氏周世淸妻婚一載而夫亡鍾年二十三姑已五十餘歲力勸翁納妾生幼叔三同姑撫養婚娶因得繼姪爲嗣道光十八年旌沈奎補稿

曹氏徐聞政妻年十四歸徐甫入門聞政卽病十餘日卒親族以未成婚勸之歸不聽後母家來迎將爲之擇配曹堅不肯行姑不知擇配也亦勸之曹哭曰媳去不返矣嗣

是遂不言歸室中置夫位飲食必薦之年三十一竟以處女終立猶子爲嗣道光二十一年　旌　據採訪冊

俞氏薛清標妻歸薛未逾月姑病歿晨夕哀號滴淚成血後事繼姑得歡心年二十三夫病劇告天願以身代卒不起遺孤三歲撫教成立每值祭享必竭誠備物卒年五十二道光二十一年　旌　據題旌冊

韓烈女趙大受聘妻將娶而大受忽染癩疾父母欲爲之改適女聞之曰婦人從一而終我而再字何以爲人遂自縊死後數年大受疾愈痛女之死終身不娶繼猶子爲嗣

沈奎補稿

謝氏周國器妻年二十三寡遺孤又殤事姑孝姑病革爲刲臂肉和藥進之獲瘳又十年姑以壽終氏無可嗣歸依母家母死爲尼庵傭媪以終表微錄　道光三十年　旌闡幽甲錄

陳氏庠生趙崶妻年二十八崶卒家貧無子與姑相依姑病嘗刲股和藥得痊厥後姑歿伯叔置之不理喪葬陳獨任之欲撫伯叔子爲嗣俱嫌其貧不允日勤紡績刻苦自守卒年七十有五嘉慶志參錢玫稿　道光三十年　旌闡幽甲錄

錢氏謝品和妻餘姚人年十九適品和品和善病越數載

卒未葬，適鄰家火，舉室走避，氏伏柩痛哭，火俄滅。時年二十二，矢志守節，以姪爲嗣，事姑勿懈。卒年七十餘。據謝賜撰傳

道光三十年旌。闈幽甲錄○案謝氏譜品和名旭，嘉慶志字名兩載，今刪其一

陳氏，監生顧梓妻，庠生子佶女。夫亡，陳年二十五，事姑以孝聞，處妯娌如姊妹，終身無間言，課繼子孝先，養教有方，每夜讀必紡績以待。不佞佛，不與宴會，非弔死問疾，不一過親黨，衣素茹蔬以終其身。卒年五十一。沈奎補稿　道光三十年旌。闈幽甲錄

胡氏，庠生俞翹慶妻，年二十適俞，事翁姑孝，庶姑趙又多

病侍奉維勤翹慶以力學卒胡年二十九兩姑相繼歿夫弟才弱冠婚喪祭大事皆氏力任之撫三子𥳑笙箎俱成立道光三十年　旌備稿

馮氏宣斐章妻年二十七夫亡家貧遺孤二皆幼兄弟私謀改嫁氏覺絶足不往母家饑則乞食哺子艱苦自守道光三十年　旌備稿

胡氏王必達妻年二十七而寡家貧姑老二子尚幼或與言嫁胡以死誓曰姑老子幼我去誰與爲養織屨易食以飯供老姑而已食糠粃生平不苟言笑足不踰閾鄉里賢

之道光三十年旌據採訪冊

趙氏單文軒妻年二十四夫亡遺孤朝宗僅歲餘家無隔宿糧晝夜紡績忍餓苦守旋子長娶婦且生孫而子婦又同年病死晚景更苦嘗代尼媼誦經謀食哺孤孫殆苦節中之僅見者道光三十年旌備稿

顧氏沈炳文妻幼讀書知大義年二十適炳文逾年炳文死不數日夫弟景文又死顧痛甚廢食臥病以翁姑老起盡婦職明年翁疾篤刲股禱神求以身代竟不效又數日姑亦病卒時存者僅幼叔寶三矢志撫育冀延一綫閱數

年寶三又死由是積憂成疾卧病十餘年親族爲立繼以延其祀道光三十年　旌備稿

丁氏厲伯吹妻年二十八夫亡家貧無子敬事舅姑常以鍼黹所出佐甘旨時或枵腹忍餓卒年五十道光三十年　旌備稿

張氏葛譽章妻年二十五夫卒氣才絶張嚙指誓死血流衣幅夫復甦曰吾知汝能殉節但宜爲吾立後張遂撫姪爾守節每夕與姑同寢奉姑四十六年卒年七十二道光三十年　旌備稿

林氏葉宗珝妾年二十五歸宗珝次年宗珝卒主母憐其少令他適林泣曰妾雖微賤廉恥一也誓死不去事主母如母旋主母亦亡爲主立後娶婦繼子死又撫孤孫仰事俯育終身無安閒之日卒年七十三道光三十年　旌　據採訪冊

魏氏何學詩聘妻餘姚魏如崗女年二十一聞學詩卒過門守節繼子如淵卒年四十四　沈奎補稿

顧氏監生石維巖聘繼妻年二十三過門守節撫前子如己出卒年六十餘　沈奎補稿

朱氏趙志廣繼妻幼事母以孝聞年十六歸志廣敬事翁姑夜半聞謦欬聲必起問姑逝奉翁益謹翁兩遭病劇氏禱天願減已算兩刲股以療之後翁以無疾終初氏艱於育一夕夢神人賜藥一丸曰服此當有子已而果舉二男志廣旋卒二子俱幼矢志教養皆得成立備稿

嚴氏三節嚴日華妻顧氏及其子桂妻董氏孫嗣振妻徐氏也日華名湘婚九月而卒顧哀毁骨立以姪桂爲嗣終身縞素事舅姑撫繼子孝慈兼盡桂方成立中道又殂無子董年二十二偕姑守節情同母女繼堂姪嗣振爲夫後

娶徐氏嗣振出就業未半載得病歸遽卒又無子徐年二十一或憫其少艾諷使去徐對曰邁年㷀姑遂爲奉侍去而生不若守而死遂安貧自矢孝事邁姑姑歿竭力營喪葬悉如禮見年六十有九一門三節人無間言已旌據採訪冊

王氏陳廷椿妻廷椿事親孝得王內助鄰里無間言不數年廷椿卒氏年二十二遺孤尙配在襁褓撫育維艱幸成立且娶婦矣而尙配又暴卒媳王氏遺腹生子翰尋亦卒家貧至不能舉火日夜操作爲孤孫乳哺資朝夕焚香祝

曰必佑此子無使陳氏鬼餒翰既長力能養其祖母王始喜曰吾今有以見地下矣後翰生孫王猶及見壽九旬餘已　據採訪冊旌

邵女心耕女字陳雲鵬未嫁雲鵬死女聞之隱服衰絰誓不再字母將爲之擇配慮不得終遂其志遂得疾卒據採訪冊

顧氏謝五十妻年十九而寡有姪九五年長爭繼顧呈縣稱年長於母名理不順繼年少者爲子既服闋值元旦仍素服宗長怪問之荅曰未亡人有終身之服安可改吉沈奎補稿

陳氏陸繩標妻年十八適陸姑本無出繩標其繼子也越一年繩標卒且無子父母逼氏歸勸改適氏以他辭急返姑疑之氏力白願誓守無悔事姑孝姑歿益作苦紡績儉粥飯至每食不飽值姑之戚屬至則必具雞黍以待曰吾見姑之戚如見吾姑也沈奎補稿

嚴氏陳允信妻二十七歲寡子幼家貧舅姑皆未葬嚴積女工貲力爲營墓後子又亡孫未成立衣食常不自給以苦節終沈奎補稿

張氏尙偉女徐世勛妻逮事太翁服勤不倦太翁嘗夜食

牀置一揶欲食則擊之氏聞聲必起姑唐患病氏刲股以療並建管溪小橋以濟行人壽八十餘據採訪冊

周氏陳望茂妻年二十五而寡遺孤在襁褓撫至七歲爲鄰媪誤以沸湯沃死媪懼賂周周卻之曰兒不幸死於非命天也以子市利吾不爲且吾紡績足以自存苟狥利違天何如早嫁之爲得耶夫兄望華憫其無嗣以己子學功繼之卒年六十有六沈奎補稿

黃氏字王怡一王得瘋疾翁恐誤女願退婚氏矢志不二且曰夫郎成疾妾之命也年二十二歸王盡心事夫三年

不懈怡一歿送葬畢闔戶自經據採訪冊

方氏林卓然妻卓然病日夕飲泣及卒一慟而絕救之甦甦復哭哭則復絕如是者數四遂成沈痾勺飲不入口父母及舅姑皆爲之謀醫氏曰所以不卽死者恐以橫死傷兩家父母心也若病死固所願耳終不服藥遂死年二十七時道光十二年也據採訪冊咸豐元年旌闡幽甲錄○案備稿據甲錄道光五年二十歲夫亡守節繼姪方爲嗣卒年三十二已入節婦姓氏錄今刪彼而存此

陳小姑光遠次女侍母陸疾衣不解帶晝夜侍奉湯藥比卒痛絕復甦兄亡弟幼事父益謹父卒經理喪葬畢將殉

爲親族勸慰遂强起撫幼弟成立矢志不嫁備稿

章氏二節謝氏章士松妻將嫁而士松病亟及期扶掖成禮未幾卒謝年十六哭泣盡禮以大義自矢事姑朝夕不怠姑卒總持家政內外肅然家有三喪未舉窀穸之事皆出其主裁嗣子震娶何氏而震又亡煢煢姑媳門無長男乃繼子程以襄家事復爲何繼孫崑玉何善承姑志相依爲命撫嗣子崑玉成立孀居俱五十餘年已旌據王璲筆記

任氏陳光臻聘妻光臻遊京師不歸其母以女年長願還婚帖令改字女知之泣求母必適陳因先以妯娌行合巹

禮作札速光蕤歸光蕤覆以成名始歸越數年竟死於京師女聞訃哀絕因姑老無子孝養益竭族人嘉其志以從姪炳章嗣焉沈奎補稿

董氏夏際盛妻二十二歲寡事舅姑孝年五十時有孤燕巢其室不與衆伍人咸異之沈奎補稿咸豐五年題旌旌冊

金氏王天貴妻夫嗜酒家貧道光間年荒姑年老無所得食婦傭於富家每食必留半以貽姑主知之遂日給飲食姑賴以存活婦年九十餘卒據採訪冊

陳氏王吉慶妻夫早死無嗣家又貧父母與姑憐其穉令

改適陳誓死靡他勤操作以養姑歲饑或終日不炊而奉姑甘旨必備性廉介村中發社倉賑濟給以粟堅辭不受人益重之據採訪冊○陳洪昌題王節婦詩寒燈紡績奉病姑夜雨夢魂哭蘼蕪會到九京心事畢一靈往來游太虛黃鵠矯矯天外飛孤雁嗷嗷雲中啼形單影隻渾不覺從容就義或庶幾

朱氏陶錦華妾事大婦甚謹以是得大婦歡夫病籲天願以身代及卒屢欲身殉以防守謹不得死次年伺防稍間竟自縊死據採訪冊

葉氏二女長巽言次佛言文羽女皆以孝稱巽言天性貞靜侍奉勤謹最得父母歡許字未嫁而歿瀕危猶呼佛言

屬以善事父母佛言性故純孝遂矢志不嫁篤意事親及二親歿佐諸兄弟理家政勞瘁不辭蓋友于之樂亦孝思之不匱也據採訪冊

趙氏陳維淦妻淦卒趙年二十一越三日遺腹生子一時舅姑年俱五十餘因子亡積哀成疾趙侍奉湯藥十餘年幷强爲歡笑以解堂上憂遺孤亦多病多方調護始得成立戚族有貧乏者輒周給不吝後孫媳張氏親疾徽音嘗刲股療趙氏疾人謂積善之報咸豐八年旌據採訪冊

錢氏杜作相妻年十七適杜未三載而作相卒錢痛絶復

蘇舅姑乏嗣勸舅納妾生一子姑卒代爲撫養躬勤紡績足不踰閾繼姪爲嗣卒年六十有六咸豐九年 旌據採訪冊

周氏錢曰騫妻會稽周熙亭女年二十四歸曰騫初曰騫以力學病瘵婚有期益危篤父母欲使人婉辭氏以爲非義乃止合巹之夕卽親侍湯藥衣不解帶者三閱月及歿哀慟幾絶親族爲立嗣以慰之貞守三十二年卒咸豐十年 旌據採訪冊

沈氏謝正來聘妻餘姚沈汝昌女正來客外不歸存亡未卜氏登門守貞卒年三十有九據採訪冊

趙氏李廷璋繼妻廷璋卒趙年二十五家貧姑張氏老且病氏勤紡績以佐甘旨而已時或受餒生平言笑不苟歷六十年如一日壽至八十餘據採訪冊

朱氏夏豹妻年十八歸夏未數月豹溺死姑憐其年少無出且迫於饑寒欲遣嫁朱毀容誓守藉十指以奉翁姑始終不易其志卒年五十餘據採訪冊

陳蘭君字古香號秋畹愷女孫幼聰慧年十四五即有詩名謝味農嘗面試宮詞蘭君立成傳誦一時風雅自矜好作男子妝無兒女態後適嵊邑舉人童瀚爲繼室著有滴

翠軒詩稿備稿

丁氏城中牙儈駱八妻也八名文貴事母孝丁事姑尤謹母患瘋癱手足不能舉居近市文貴恐母無聊每晨必負母至外室令臥觀市中排遣問所欲市鮮旨以進母齒脫不能食丁口哺三年便溺汙穢時時拂拭不使稍沾牀蓐後丁娶媳願代奉侍丁曰老人慣我服事汝年少恐不能愜老人意毋須汝爲仍躬侍寢食如故未嘗有衰志駱母亦怡然忘其夙疾以天年終據採訪冊

陳氏章增祥妻年十六父病危刲股以療父遂愈及笄歸

章事翁姑曲盡孝養姑久病隨夫侍疾衣不解帶者三年姑歿思以身殉力勸乃止及葬攜襁褓兒宿姑墓一年得病歸旋卒年四十二據採訪册

董氏嘉瑞女字王林高林高幼孤露家赤貧遂流爲丐嘉瑞聞之欲改婚氏不可曰女之命也卒歸林高日夕勤紡織家稍裕生三子一女皆成立林高五旬外目盲氏敬禮不稍衰據採訪册

程芙亭徐虔復配也生長京師幼耽翰墨道光辛丑歸徐南下途中游覽皆紀以詩又嘗於扇中書宮詞百首夜闌

人靜輒低聲誦之。成婚後一載，舉子不育，遂得疾不起。虞復悼之，作落芙蓉曲，并刻其遺詩一卷，曰綠雲館遺集。據採訪冊

賈烈女，名瑞蓮，明顯女。家綦貧，兄弟五人，女最長，至性孝友，常操鍼黹佐父食用。年十七，字竹山李和，和與女同庚。道光庚戌，女年二十一，將遣嫁焉。其年冬，和以脹病亡，訃至，女哀痛欲絕，訣曰：生爲李氏人，死爲李氏鬼，願得歸柩於李氏冢，死無憾矣。越三日夜半，遂自溺於宅之後河。父母驚覺呼救，而屍已浮水上。鄉里悼之。據採訪冊

夏一姑以松女年十七遭辛酉之變猝遇賊欲犯之女不可將殺之母恐女見害泣勸之亦不聽賊怒牽之去女大罵露刃逼之乃自以頸觸其鋒死賊感其烈亦太息而去女死於大查湖虎墩今呼其墩曰烈女墩 據採訪冊

經女維民女母有夙疾侍湯藥無倦及母卒父老弟幼遂操家政咸豐辛酉粵賊陷虞城避居項嶴餓賊至索金銀擲簪珥與之不足將殺其弟女哀告曰父止一弟不可殺也賊不聽殺之女攖胸大叫曰既殺吾弟誓不俱生矣奮臂抽賊刃賊怒又殺之同治三年旌 據採訪冊

葛氏陳漢章妻歸陳八載而寡姑老子幼歲歉家貧氏撫孤養姑備極勞瘁咸豐辛酉賊陷虞氏懼不免預託孤於姪爲自盡計無何賊夜至氏遂赴水死越二十五日得其尸顔色如生同治九年旌據採訪册

沈氏方萬盛妻咸豐辛酉爲賊所掠將逼焉氏罵曰我良家婦豈從賊者速殺我賊知不可强拘之一室氏恐被辱以賊矛自刺而死年二十二據採訪册

姚氏三烈婦姚祖虞字如鑒妻張氏及弟如昇妻許氏如玉妻徐氏也姚家夾塘咸豐辛酉賊漸近祖虞之父結廬於

小査湖中爲避賊計湖在村之北中有小阜四面環以水意謂賊必不能徑渡也三婦曰此絶地耳我能往賊亦能往不足恃卒不聽無何虞城陷賊大至姚艤舟以渡賊踵至張見勢急以六歲子付祖虞與二娣赴湖死俄賊虜祖虞去六歲兒無依亦入水死已　旌　據忠義錄參採訪冊

周氏姚寶興妻居邑之夾塘咸豐辛酉賊陷虞徙姚境避焉不數日賊入姚境周匿於農家草舍中被賊搜獲欲汙之周力拒脅以刃引頸待戮賊怒斬其手舍之去而脈已斷矣血湧如注力疾趨田中猶一手引稻稈蓋其面恐賊

之復見焉移時血竭死據採訪冊

徐氏項德表一作標妻年二十歸項事姑以孝聞越六年夫歿養姑撫孤節操凜然子文清成立娶媳朱氏咸豐辛酉賊將至勸之避徐曰吾老矣何死之足懼汝輩速行賊至墮樓死年六十文清卒朱亦以節著人稱一門雙節焉徐於咸豐二年　旌朱於光緒四年　旌據採訪冊

許氏三烈婦八品銜許晴嵐妻陳氏及姪寶璦妻王氏寶琳妻錢氏也居東門外觀橋咸豐辛酉避寇萬𡸣時餘上賊往來不絕過輒俘掠陳挈二婦暨眷屬逃入山中久匿

不得出食盡且凍陳謂二婦曰我老則死耳汝輩可去二婦曰出山獨不如在山淸也遂相守以死從死者女秀鳳姪孫女錢姑光緒間　旌據王琖筆記

葛氏鍾復燦妻咸豐辛酉偕夫匿山中夫被賊虜氏突出奪之賊見欲汚之奪賊刀自刎死年二十七已　旌又黃氏周德法妻咸豐辛酉聞夫及夫之兄弟均被殺入山自縊賊見解之下大罵被磔死又桑氏余萬林妻與夫同被虜賊殺夫逼婦氏哭罵不屈破腹而死又許朱氏夫爲團勇被殺翁又爲賊所殺氏見翁死瞋目罵賊亦被殺與翁

同日死時同治元年閏八月也又何氏姚邾卷妻同治壬戌賊殺其夫罵賊死據採訪冊

嚴氏二烈女嚴小姑春榮女字姚邑陳忠同治壬戌被賊虜賊負之女曰釋我當隨行行至橋上投河而死年十四同治五年　旌其一鳳岡女同治壬戌竄賊倏至不及避爲所獲驅之行不肯將殺之母泣勸曰不行則死矣行則猶可望生還女始泣而行俟離母遠乃坐地不行脅以刃則大罵遂刺腹而死據採訪冊

馮琴姑永蘭女生長杭州咸豐辛酉髮逆漸近隨父奔歸

虞次年壬戌賊過焉家浦虞女欲污之女大罵賊殺之死後顏色如生且有怒容年十七已旌據採訪冊

田氏錢友德妻友德卒苦志守節同治壬戌賊逼不從被數刃而仆賊去復蘇謂女伴曰守節十七年今得見夫君於地下矣遂卒年四十五同治七年旌據採訪冊

錢謝二烈謝氏錢籀原名濬妻萃升女也咸豐辛酉賊陷虞偕嫂晉英妻吳氏避難於何家㳇次年壬戌賊入村掠同匿於明因寺山下賊見之驅之行至項家河側二人同赴水賊不捨拯之起乃大罵賊怒先後以洋鎗轟斃之時謝

年三十三哭年三十七俱已旌據採訪冊

徐氏世勛女候選府經歷張兆元妻早寡已膺旌表粤匪至與兄宇立避檀燕山猝遇賊欲殺其兄氏抱兄不釋賊怒斫其右手指猶不釋又斫其左手指而去氏遂死據採訪冊

陳氏廣東河源縣典史謝鈐妻同治壬戌賊至躍入水賊欲援之起氏罵曰我典史妻可殺不可辱遂遇害同治四年旌據採訪冊

葉氏鄭金榜童養媳慶標妻金榜嵊人而家於前江者也

同治壬戌賊由虞竄前江氏匿村旁竹園爲賊所得脅污不從詞色並厲賊以矛刺之洞腹而死年十八據採訪冊

杜氏英華女年十八歸俞培義明年壬戌九月歸省親母家在後郭適竄賊至爲所獲挾之登舟氏奮身投江死越二日得其尸於江濱僵立不仆顏色如生同治七年　旌據採訪冊

金氏二烈王氏金殿麟繼妻媳丁氏子時雍繼妻同治壬戌賊至丁恐被辱投河死王亦罵賊死據採訪冊

車氏貢生朱見衡妻見衡先歿咸豐辛酉氏聞賊至吞金

戒指二枚救之得不死次年七月餘姚潰賊竄入虞或勸之避氏曰我未亡人苟活何爲須臾賊大至逼氏氏厲聲曰吾求死久矣遂自刎死年四十三據採訪册時又有俞氏陳魯眉妻亦因寇擾恐被辱常以刀自隨後遇賊竟刎頸死已旌據忠義錄

韓氏黄景山妻夫故守節十二年同治壬戌賊過境氏攜女匿爲賊所見氏知不免趨河邊棄女赴水賊追至以槍刺之氏痛駡受刃數十處而死已旌據採訪册

陳氏四烈婦燦然妻謝氏五九妻徐氏志高妻葉氏昭明

妻徐氏也同治壬戌賊踞東鄉四人夜匿山間時月色甚明相顧歎曰蒼天蒼天何時滅此毛賊賊適過聞之大怒將殺之四人罵益厲遂同遇害五九之妻罵尤烈賊恨之以柴焚其尸據採訪冊

羅氏二烈同治壬戌粵賊肆掠羅日東妾方氏與姪孫元曜妻張氏同匿蘆葦中爲賊所見遂被執賊見張年少欲辱之方抱張不釋張亦大罵賊怒欲殺之二人同躍入河賊退兩尸浮水上面色如生據採訪冊

邵氏謝湛生繼妻同治壬戌粵匪至夫外出翁年老艱於

步履氏侍翁不離左右勢急自縊死年三十七已 旌又

黃氏曹棠階妻賊入村以姑老不及避俄賊至氏以身蔽姑姑得逸而氏竟被獲不辱慘死據採訪冊 又謝氏宋文光繼妻賊至侍病姑不及避墮樓死又張氏葛攀龍妻亦以病姑在牀不忍去賊逼之奪賊刀自刎死皆已 旌據忠義錄

林氏上浦村農夫陳邦耀妻同治壬戌十月官兵復虞城賊渡曹江猶肆掠沿江鄉村十一月九日邦耀遇賊至持鋤擊之不中力竭被戕林氏聞邦耀死哭奔屍所號天罵賊賊脅以威林罵益烈謂夫死義妻殉節分也任爾臠割

吾何懼哉賊遂以矛刺其股林駡猶不絶賊憤甚復抉其舌刲腹擢腸而死據採訪冊

葛氏庠生朱葵之字師孟妻同治壬戌賊脅不從被戕年三十九時有老嫗見其死之慘爲述於人聞者歎息越兩月葵之亦被執不屈死人謂夫爲義士婦爲烈婦據採訪冊

周氏郁文女性至孝父病刲臂以進年二十四歸陳駿彥同治壬戌被虜將犯之駡曰不幸墮汝手性命已非我有可速殺我賊不殺挾之行五里許又逼之駡愈烈賊怒拔刀擊案上有聲聞者股栗而氏詞色愈厲起奪賊刀以刺

賊賊皆驚鋒刃交下面被七創而死將死猶罵不絕口賊退得其屍面目不可辨猶認其衣飾云據採訪冊

萬氏倪邦顯妻年十八歸倪時翁存姑歿夫患足疾氏勤紡績養翁翁卒家益落無何夫亦卒子幼勸嫁者日益眾憤歸母家兄亦勸之嫁乃傭於錢氏辛酉之難與子匿山谷間得免次年八月母卒氏爲之治喪甫殮而賊至遂被虜賊使服役不從連受數刃罵賊投河死時又有陳氏龔懋修妻亦夫故守志傭於錢氏同治壬戌隨主婦避兵大嶺下遇賊以刀斫其主婦氏以身蔽之遂受十餘刃而斃

主婦竟得全同治二年以義烈旌據採訪冊

馮氏陳業青妻同治壬戌四月婦方治晨炊賊掩至不及避爲所得賊曰從我去活汝婦僞諾之甫出門卽躍入池賊怒其紿已以槍搠之死年二十二據採訪冊

黄氏謝天錫繼妻性沈毅寡言笑天錫病侍湯藥月餘目不交睫及卒謂前子曰汝父旣死予誓不獨生遂於次日檢殮具畢仰藥死年二十八時同治元年八月也據採訪冊

車秀姑廷爵女隨父寄居臨安同治癸亥賊掩至恐父被獲攔賊怒罵父與弟皆得脫而姑竟死年十三據採訪冊

紹興大典 ◎ 史部

王氏宋士蛟妻邑之餘三莊人其先本貧士蛟歿後三子釗鏞錡能自樹立家漸豐同治壬戌王年六旬三子將爲之祝嘏時遭匪亂米價昂貴鄉里嗷嗷不得食王惻然曰人無計存活汝輩乃獨慶吾耶遂命以貲易米而濟貧人復令三子捐鉅貲赴甬糴米平價便民全活甚衆據採訪冊

俞氏錢徵智妻幼淑愼長兄以癲疾廢仲兄游學外出惟氏承菽水歡母病刲左臂絕而復蘇和藥以進歸錢後事翁姑如父母晚年出紡績貲置父祀產年六十二卒同治四年以孝女旌據採訪冊

何氏監生王杲妻杲卒何年三十歲撫孤守志僕婦傅朱氏者亦早寡數爲饑寒所迫將改適何周恤勸止之竟以完節終卒年六十五同治四年旌據採訪冊

金氏曹立標妻通詩書佐標力學年二十六標疾革有子才四齡指謂氏曰必教之成名以遂吾志氏頷之標既歿乃堅節自矢事姑益孝訓子慈而嚴挑燈課讀雖寒暑不輟子濬恩貢生孫五人遊庠者三有食餼者四世同堂曾孫亦入黌宮人謂苦節之報年七十九卒同治七年旌據採訪冊

沈氏三節陳氏沈美初繼妻夫病瘻陳侍湯藥晝夜不懈三年如一日及卒陳年二十七誓不欲生姑金氏丁錄作陳氏據採訪改慰諭始止同治元年賊入村陳覓肩輿勸姑速行已步從遇賊刀砍血流被面暈絶復蘇尋至姑所傷重不愈延至三年九月卒年五十四其姒張氏本初妻娣林氏秀初妻並年二十八而寡以完節稱同治間旌丁錄闡幽

趙氏沈廷圭妻九歲失恃母弟三人惟氏是賴年二十三適沈未及二載夫卒毅然矢志繼姪均爲嗣事翁姑克盡孝養辛酉之難米珠薪桂翁病逾月氏脫簪珥醫藥盡心

調治得痊夫弟及其婦俱亡遺孤二飲食教誨不令失所卒年七十有七同治九年　旌據採訪冊○暨陽陳適聲題趙節婦遺像詩樂府新翻寡鵠吟篝燈畫荻夜沉沉若耶溪水明於鏡照出平生一片心千年彤史此遺珠芳蹟還從畫本摹慚愧我無中壘筆瓣香空拜禮宗圖

張氏王士浩妻年二十六士浩卒縞素終身不御羅綺有豔其色者啗媒媼求娶氏斷左手第二指以矢翁病篤刲左臂肉和湯以進翁食之愈越十五載病復作仍刲左臂療之因有舊傷另易一面誤中脈傷重而死年四十三翁病即愈壽至八十八歲人謂孝感所致同治十年　旌闡幽

丁錄

曹氏二節錢氏曹建標繼妻年二十八夫卒堅志勵節不出閨闥事舅姑孝處姒娌和鄰里困乏者濟之有積券力不能償者焚之撫二子成立守節二十六載卒子承堃亦娶於錢承堃卒錢年二十八偕姑守節卒年六十一俱已旌據採訪冊

謝氏二節袁氏庠生謝岑妻岑卒袁年二十九矢志守節性尤孝翁病刲臂和藥病得痊姑患濕瘡滿頭潰爛髮膠一片略舉手痛不可耐氏含藥和水吮之逾月始愈光緒

元年　旌岑弟嵜娶拔貢生顧璪女未踰年而嵜卒顧年二十三無子繼岑子龍光爲嗣顧能詩嵜歿後不復耽吟詠年三十卒據採訪冊

錢氏王泮妻國子監典籍徵智女性淑愼有智慮年二十歸王甫百日夫卒痛不欲生父母力勸始強起以婦代子得翁姑歡未幾夫弟崑源卒翁乏嗣勸翁納妾生叔慶雲甫四齡翁歿明年姑又歿錢力襄庶姑撫叔周至庶姑少錢二歲質素怯家政皆錢主持家故多外侮錢周郵貧乏鄉里感其德豪暴者亦爲斂戢生平好義舉先後捐入節

孝祠田五畝有奇併遵翁遺命捐貲修王氏譜及重建宗祠人目爲女丈夫立叔子家槐爲嗣同治十二年旌據採訪冊

潘氏三節潘世熙妻趙氏暨弟世燾妻蒲氏燾之子載華妻沈氏也熙燾俱國子監生拱辰子拱辰卒妻葉年四旬二子弱小家綦貧葉撫之成立熙卒趙年二十五無子嗣子鳴岐又病廢趙茹苦以奉孀姑終姑養三年而歿年四十有二燾卒蒲年三十子二長卽鳴岐次載華守節三十年年五十有九卒先是載華已死遺一子炳南沈年二十

有六家屢空沈以女紅供姑菽水且撫育其孤姑疾累月營醫藥周至及歿葬如禮明年夫兄鳴岐歿沈爲安厝艱難支拄數十年如一日俱光緒七年旌據潘衍桐撰傳

俞氏何玉池繼妻玉池以同知分發湖南攝理新甯縣事未幾卒宦橐如洗俞歸何甫一載年二十九艱於食乃授蒙童讀賴以自給伶仃苦守至老不渝卒年六十有九著有緑窗吟草據採訪冊

葛氏高志林妻志林卒葛年二十六遺孤甫七月翁姑老病家無隔宿糧或勸之嫁葛大慟曰襁褓中一塊肉不可

重累高堂且懷二夫心亦非義負薪易米奉舅姑撫子怡如也年七十二卒據採訪冊

許氏沈榮培妻夫卒年二十三無子遺腹生一女適徐學良亦早寡許孝事翁姑翁姑歿撥田祔食於祖並捐入節孝祠田四畝佐歲修焉年八十卒光緒間旌據採訪冊

徐姐姑文高女年十四母趙卒有弟三人家貧父不復娶女以父老弟幼誓不字人撫諸弟成立後即寄迹佛菴茹素終身卒年六十一據採訪冊

朱氏張善貴妻夫卒朱年二十七家綦貧採薪刈草孝事

邁翁一日翁曳杖出宊遇瘈狗傷其足倉卒不可得藥朱不辭穢毒跽而吮後卒無患守節二十七年據採訪冊

任大姑天臨女無兄弟二親年老與妹小姑同矢志養親不字男裝操作見者莫辨爲女子也終身茹素年五十三卒小姑尙存已七十七矣據採訪冊

周氏萬福貴妻性沈毅夫故未百日族人欺其弱得某賄刦入輿舁至某處逼令交拜氏哭拒不從折燭擲地并毀其器物入室舉鐵翦自刺旁人持之力氏憤甚卽以翦刺人某懼始備輿送歸時氏已有娠彌月生遺腹子一家甚

窘負兒行乞而以夜所紡績資供姑膳姑歿量力安葬後撫子成人家稍裕得娶媳焉年五十三卒據採訪冊

張氏山陰張懋女字河南武安縣知縣錢應昇子長卿年十六長卿卒氏聞訃卽去簪珥不茹葷不純采矢靡他者十八年咸豐癸丑粵匪寇河南翁禦賊陣亡踰年夫弟炘扶柩回里氏固請執子婦喪遂迎歸立炘長子襄周爲嗣卒年四十八光緒四年旌據闡幽戊錄參錢氏譜

陳賽麟光亨女幼聰慧好讀醫書父服賈申江兩弟皆幼家政皆女操之父病百藥不效封股以進卒不起母得風

疾飲食需人以是矢志不嫁奉母以終卒年四十八據採訪冊

魏烈婦餘姚人江蘇候補知縣恭壽女母沈早卒依於庶母姚字王淦次子光祖已而父又卒同治辛未女年二十婚有日矣是年五月光祖病卒訃至氏哀不自勝請於從父昌壽願歸王守節昌壽曉譬之不顧也遂以意達王王格於禮未遽諾而氏已仰藥死距光祖之死才逾月耳乃以柩歸王與光祖合葬於祖塋旁從其志也有司上其事於 朝 旌如例據採訪冊

柴氏監生葛廷彥繼妻福標女生有至性歸葛三載廷彥

患疾草柴籲天請代卒不起一慟而絕比甦告其舅姑曰媳無子願以身殉夫舅姑弗覺也他日以前子託娌婦乘間仰藥而死年二十九光緒八年旌據採訪冊

夏十一姑楚玉第四女也楚玉止一子疾卒哭甚哀女慰之曰女猶子也願終事父母遂矢志不字年四十五卒光緒九年以孝旌據浙江節孝全錄參採訪冊

羅氏顧涯妻夫病急焚香籲天願以身代夫卒亟爲營葬立嗣曰吾事畢可從夫於地下矣以同治十三年二月仰藥自盡光緒十一年旌據採訪冊

楊氏員外郎經緯妻性好善義方訓子光緒四年聞豫省旱命子元善元仁元佑等捐資助賑並在上海籌集銀四萬兩由元仁元佑赴該省靈寶縣設局散賑活人無算豫撫涂據情入告　旌坊樂善好施據採訪册○河南巡撫臣涂宗瀛片據浙江來豫助賑紳士凌淦等聯名呈稱浙江上虞縣二品命婦經楊氏前因聞豫省旱荒命其子候選主事經元善候選詹事府主簿經元仁蔭襲州判經元佑等捐資助賑並在上海籌集銀四萬兩由元仁元佑邀同好善各紳來豫在靈寶縣一帶設局散賑本年秋間經楊氏偶患暑溼元仁等即欲南旋經楊氏馳書諭止以活命事大不准擅歸病中復屏當衣飾湊集銀一千兩以助冬賑該氏旋於九月間身故元仁等呈奔回籍該紳以上虞經氏世家好善經元善之父經緯於本族建立義塾宗祠在上海創立善堂遠近推服奉委辦理海塘積勞身故曾蒙　恩旨廕恤今經

楊氏復能教子有方捐資助賑樂善之誠始終不倦呈懇
具奏請旌等情並據署靈寶縣知縣王鴻圖稟報前來
臣查定例士民捐銀一千兩者准其建坊給予樂善好施
字樣歷經辦理有案今經楊氏所捐冬賑銀數相符自應
照例請獎至其義方訓子遠道助賑且一門好善行誼可
風與尋常助賑者有間合無仰懇天恩俯准建坊並將
事跡列入志乘以敦風尚而昭激勸爲此附片具陳伏乞
聖鑒訓示謹奏光緒五年二月二十三日軍機大臣奉
旨着照所請
該部知道欽此

媳羅氏候選縣丞寶堃女幼讀書知大義
字緯季子元勇元勇未婚卒羅年十九訃至哀泣毁容求
奔喪父母不許遂長齋禮佛不窺戶庭者十餘稔父察其
志堅乃許之經氏以禮迎歸繼子亨豫撫敎周至生平無
疾言遽色貞一之操遠邇欽服年四十七卒光緒十七年

旌據縣册

何氏監生王友之妻年二十四友之卒哀毀不欲生姑許勸之曰死節易存孤難汝子稚無汝何以成立始起強飯未幾子又夭何不食者三日姑又慰之爲立嗣事姑益孝好施與戒牲殺勤儉持家者二十餘年卒年四十有六光緒十二年　旌據採訪册

王月姑生員嘉徵女性純孝因親老弟幼侍奉乏人遂矢志不嫁同治壬戌父病急焚香禱天願以身代光緒己卯弟幕遊北省母卒哀毀逾恆殯葬盡禮撫諸姪皆成立卒

年五十有四光緒十五年禮部郎中詹鴻謨爲呈請　旌

表得　旨如例據縣冊

顧氏二節沈氏監生顧棉繼妻于歸三載而棉歿氏年二十有七痛不欲生因元配遺一子樹春甫十二歲且翁姑年俱邁氏遂不敢以身殉愛勤儉持家事翁姑以孝聞撫遺孤如已出樹春長娶婦嚴氏生子福緣甫四歲而樹春又歿嚴氏屢欲身殉沈乃呼婦而泣諭之曰我無所出尚撫遺孤以延宗祧爾有親生子獨不以我心爲心乎嚴氏悟謹承命由是姑媳相憐寢食不離內外肅然沈年五十

嚴五十一均守節終焉光緒十五年旌據採訪冊

朱小姑孔陽女年十三喪父母慟甚姑慰之稍解其後母多病語言顛倒醫藥不瘳惟姑扶持抑搔得母歡心齒漸長兄置匳具將爲擇壻女曰吾知有母而已無相强也隱鬻其所置匳具以示終身養母之意兄無奈何聽之而已及母歿年已四十矣光緒十六年正月歿年六十九據採訪冊

倪氏陳奕堂妻年二十二適陳未一載夫卒引繩欲自絕父與翁力戒之曰汝已娠身或生男夫即不死氏勉承命然屢於密地暗泣翁雇鄰媪防護勸之食不答食或但啜

粥糜如此者累月孕幾殆彌月幸舉男始篤志撫養劬勞備至事翁甘旨不缺翁病侍奉湯藥目不交睫歿喪葬無失禮守節三十七年據採訪冊

連氏嚴秀貴妻性剛正年十六歸嚴閱三載夫卒子又殤家貧苦守有無賴子戲以言厲聲叱之里中某媪數勸改適連作色曰烈女不事二夫毋多言嗣是與媪雖朝夕見非正事終身不通一語卒年六十歲據採訪冊

金氏杜文美妻婚數年不育勸夫納妾未幾夫病瘵死妾他適撫伯子爲嗣零丁孤苦矢志不渝兵燹後廬舍蕩盡

治一室長齋禮佛垂三十年自知死期沐浴端坐而逝據採訪冊

李氏監生夏壽培妻山陰人福建廈門同知廷泰女年二十三歸壽培性至孝翁煥章歿於福建永定縣任氏偕壽培扶柩回籍哀毀盡禮姑繼亡亦如之同治壬戌遭粵寇亂壽培罵賊身殉氏年二十九遺子女各二謝絕鉛華砥節訓子平日好施濟有餘資悉以贍給族人鄉里稱賢淑焉年四十五卒公舉事實

錢瑞芳榮光女性純孝不離母側母每病必終日泣母後

病急瑞芳無計乃焚香禱天持刀刲股痛而暈絕甦後和藥進之病竟霍然據採訪冊

李氏王欽奏妻歸王未一年夫卒無子勸翁續娶閱三載生夫弟來泰翁老且病家中落四口嗷嗷賴氏傭工以養翁歿喪葬無失禮後疾病自知不起告族黨以所積貲置祀田並爲夫弟娶婚延翁姑嗣卒年四十有六據採訪冊

符氏盧茂和妻幼字盧年十五粵匪告警父送茂和至家完婣越數日匪入境茂和遇害符痛哭四晝夜不獲屍思自盡從巖上撲入溪壑肌膚盡裂身亦僵翁姑救之始甦

守節十八年不出戶庭至三十二歲卒據採訪冊

任氏徐庭燦妻幼喪母父死於寇繼母性悍未十齡迫令習井臼事稍拂意痛施詈責年十六歸燦燦病瘵不數年卒姑與母性相若逼令改適氏往投其叔駿駿令依祖母沈以居姑卒始歸翁亦旋歿以夫兄次子爲嗣卒年三十有七據採訪冊

周氏監生何增繼妻毓芝女二歲喪母賴祖母以養年十三父又卒性眞摯喜讀書叔父曰庠授以孝經輒欣然領悟故其事祖母也扶持抑搔孝養純篤嘗語人曰我無祖

母何以有今日遂矢志終祖母養年二十八適何生一女無子光緒己丑冬夫患病數月氏百計療治卒不起亟與夫兄商議營葬人莫知其故及送葬歸竟絶食飲家人勸慰勿聽越六日而卒時庚寅正月八日蓋距夫歿才十有五日也年三十六公舉事實

丐戶徐氏陳宗標妻美姿容成婚時宗標尙幼而貌醜有富豪某佯招之服役止宿焉夜深款門欲污之不從誘以金不從遂毆之氏厲聲曰身雖卑賤志操一也奈何以勢相脅爲遂呼救得不污黎明歸告其姑姑怖某勢登門謝

罪咎氏氏白諸母母貪某賄又咎氏氏抱忿莫訴縊而死時年二十一嘉慶志

案人非蓋棺無由論定晚途失志遂喪生平此爲男子而言也若夫姬姜憔悴貞木將枯風燭殘年冰霜詎改揆之於義例可從寬然而竟錄生存究乖體製附之簡末庶無戾乎謹就探訪所及得生存列女若干人連翩書之以備後之修志者搜采焉

董氏謝珩繼妻嵊邑舉人瀚胞妹婚有期珩患病醫藥罔效請改期於瀚氏不可遂適謝珩病益劇越三十九日卒時三代重慶氏

恐傷老人心含淚飲痛元配錢遺二子一女撫如己出同治五年　旌　符氏虞東耀妻東耀卒符年二十七族儅某利其年少多方逼嫁符斷指自誓繼懼不獲免乃闔戶自縊氣絶一晝夜復蘇後某敬畏之不敢復言家綦貧苦節自守誦經度日見年七十八　陳氏王本源妻年二十三而寡遺二女無以謀生乃販老小鹽日倚市門而入不敢亂以詞嫁二女以禮繼姪爲嗣見年七十三　李氏項泉元妻年十五適項夫病羸家貧甚氏負薪貸米夫賴以養性沈介無妄言遽色飲以錢不

受曰吾惟食力而已夫卒艱於食傭工撫孤歲時必歸祀先人積值十餘年禮葬其翁姑與夫與父母置祀田焉　趙氏陳秉仁妻同治壬戌秉仁遇賊不屈死子女殲焉趙扶翁走匿山中既免斂夫屍哭曰妾不難以一死殉顧翁老門祚且盡未亡人無所逃其責翁亦哭悲不自勝於是治舊廬賃傭人耕作歲餘業漸復勸翁續姑翁年且六旬自分無子執不可再三請乃許先是氏隱囑媒爲翁聘鄰村厲氏得請卽卜吉娶厲歸事之維謹舉一子翁尋卒厲感婦賢亦安焉及厲子長爲娶婦

生子二趙以其長洪羊爲夫嗣見年六十三　李女禹
美女未適父歿母朱守節撫孤女年十五兄又卒遂矢
志事母不嫁見年六十二同治十年旌　沈氏王恩
詔妻遠濱女幼聰慧舉動有範年二十七歸恩詔事姑
孝御下有恩內外無閒言逾歲粤匪至避難山村恩詔
得渴疾且死執氏手訣曰若無子必爲我立後死瞑目
矣哭應之終夫喪遠濱憶女迎歸留養其家歲省姑饋
遺不絕夫仲弟娶婦數年病不能育將離絕之氏聞趣
語仲責以大義仲慚服婦得不棄竟生三子乃立仲長

子繹成爲夫後見年六十二　胡氏儒士錢作霖聘妻庠生景烈女幼知禮節咸豐辛酉賊竄虞作霖遇害胡聞耗痛絶願過門貞守時翁增生燮鼎已歿姑曹慰諭再三令改字堅執不可家貧紡紝自給事姑孝姑歿哀毀三年無笑容見年六十　呂昭姑呂夔亥女年二十三父母相繼歿有弟甫四齡因矢志不嫁撫弟成立見年五十八　鄭鳳姑鳴皋女父早歿母顧患瘋癱眠食需人矢志不嫁以養母見年五十六同治十年　旌

魏氏徐方卿妻夢傳女也方卿祖籍山陰父乾華始家

於虞方卿卒氏年二十四族屬盡依父而居矢志守節父貧弟業傭販氏以鍼黹佐之與弟婦共操作常爲人治縫紝迨夜必返雖風雨未嘗宿主家初氏少寡嵊邑人李三用張某計會大水强劫以去氏父弟不知也中流躍入水衆疾救得不死載至家逼之百折不辱既弟率族人蹤跡至李移匿他所是時已絶粒七日聞外援至始少啜糜族人徧索女信宿得李而李潛遁令余庭訓廉得狀下張於獄嘉氏節慰諭之見年五十六　傳

氏職員陳善慶妻生一女而善慶卒傳年二十五性純

孝姑患乳癰礙施刀圭終歲吮其膿血觀者欲嘔而氏夷然見年五十六　龔企蘭庠生占梅女通書史因父久病遂精岐黃術又以二親年老矢志不嫁邑侯唐書孝比北宮匾以表之又爲之請　旌焉見年五十五

蔡氏翰林院編修壽祺女字侍郎袁希祖子監生晉咸豐庚申冬侍郎卒於任明年晉自楚奔喪亦以勞歿先是夷氛逼京師侍郎請於蔡將迎娶氏以母服未除執不允及聞晉訃欲身殉旣念侍郎無子死不足塞責乃登門守貞繼姪嘉麟爲夫後年未周晬撫教成立初氏

與晉同受業於蘄州黃翔雲工吟詠自守志後遂絕口不談詩見年五十五

李順姑萬和女幼字龔長生未嫁長生病亟女於龔本中表乃謂母曰女雖未嫁名義已定願往母舅家一見之母與俱往即親侍湯藥衣不解帶者月餘長生卒服縞素誓守節以母老奉母以居

徐淑貞照亭女親老無子矢志不嫁願侍父母終身

又案乾隆府志引東山志曰宋汪僧一之女長名寶蓮受劉義門聘次名淨蓮受李莊簡孫聘劉李二壻相繼死二女私誓曰吾等雖未成婦然受劉李聘不可再許

矢志苦守終身無玷姚人咸欽重之云云嘉慶志遂列於貞女之前此雖受虞人聘竝未成婦於例當刪但思爲虞人守志亦不忍竟歿其名附誌於此復有類此者二人併錄之其一戚氏女餘姚人陳含功聘婦也含功往滇南幕十四年無音耗女父母相繼死依兄嫂生計漸窘遣人請於含功兄謀歸陳含功兄以貧不許久之有自滇南歸者傳含功已死親族勸改適女泣涕自誓又數年兄嫂益困稍稍厭之遂自縊死見陳步雲撰傳其一揚州人顧錫玠聘妻未娶而錫玠卒氏居母家守

志不再嫁見顧氏譜皆　國朝人嘉慶志又載翟素王

翊女翟温州人王餘姚人玆與虞無涉皆不錄

上虞縣志校續卷十八

上虞縣志校續卷十九

列傳十五列女○虞俗樸厚雖在巾幗皆慕禮義而崇廉恥至砥節之婦養老鞠孤紡績傭作傳記尤不及備載今自專傳附傳外併輯爲姓氏錄前代旌表無徵姑從蓋闕國朝則按題旌先後爲序未旌者次之間有事實稍異仍繫以小傳焉

宋

成氏王洙妻

元

朱氏顧誠孫妻○已上據沈奎補稿

明

上海圖書館藏

俞氏唐會七妻　張氏唐裕七妻　車氏庠生陳鴻磐妻
汪氏俞紹龍妻　項氏張起龍妻　黃氏庠生張應春妻
王氏曹夢斗妻　王氏謝國武妻　陳氏庠生石元道妻
謝氏陳允敬妻○已上據康熙志
陳氏張某妻進士張文淵祖母詳張文淵爲劉朴撰東郊別墅引見古蹟
陳氏趙蕃妻　笪氏吳德民妻　司馬氏管智妻
周氏林顯妻　黎氏劉昱妻　周氏劉晨妻
劉氏謝越凡妻　袁氏陳範妻　倪氏謝道貞妻
倪氏謝道均妻　丁氏謝玹妻　顧氏謝錠妻
朱氏謝大經妻　張氏謝無忌妻○補稿無忌善琴有孝行
李氏謝孔引妻　戚氏徐昌名妻　陸氏徐建英妻
嚴氏庠生丁埰妻○已上據嘉慶志
章氏顧堅七妻青年孀居撫孤成立夫兄嘗被海盜扳誣章攜孤訴官得白
史氏顧達文妻　尹氏顧週妻　朱氏顧其學妻
邵氏顧占妻　媳張氏顧究妻　盧氏顧文綸妻

陸氏陳思五妻　梁氏陳明護妻　朱氏舉人陳璠妻
謝氏袁倖十妻　章氏袁以通妻　沈氏舉人陳直卿妻
丁氏顧息妻　夏氏顧憙妻　羅氏庠生顧宗妻
嚴氏顧維忠妻　陳氏顧世芳妻　金氏都司顧一宗妻
何氏柳某妻何權女　倪氏羅某妻倪贊女
陳氏庠生顧天祐繼妻　羅氏謝懻妻
沈氏謝震亨妻　潘氏庠生謝良言繼妻
陳氏謝用康妻　梁氏謝自待妻　陳氏謝大懋妻
王氏章宏倫妻　胡氏倪元瑕妻　邵氏庠生倪文炤妻
嚴氏夏某妻謝讜海門集貧而守節
陳氏趙某妻翰林侍講陳美發女　國朝范蘭有題趙陳氏節卷詩
鄭氏陳文曙妻　申屠氏胡理妻　田氏倪元俊繼妻
王氏宋懷八妻　陳氏尹岷妻　王氏廩生胡伯珍妻
陳氏范僎妻　許氏范晏妻　劉氏范元妻
高氏范鼎繼妻　王氏范夢斗妻　鍾氏范君善妻
符氏俞光奎妻　姚氏俞光綸妻　尹氏顧輝十一妻
劉氏徐清妻　朱氏徐鐘妻　王氏徐怡妻

王氏徐之絳妻　姜氏徐秉衡妻　管氏庠生徐鳴鳳妻
周氏徐三畏妻　胡氏監生徐國美繼妻
王氏徐治登繼妻
趙氏徐福龍妻徐氏譜福龍以部胥卒於京邸氏扶柩歸
葬秉節不渝〇已上據沈奎補稿
鄭氏丁長喬妻　張氏丁岱妻　竺氏丁景模繼妻
媳陳氏剛一妻　童氏剛三妻　竺氏剛四妻
王氏丁天祿妻　車氏丁守敬妻　趙氏丁公佼妻
蔣氏陳克遜妻　夏氏陳巨卿妻　朱氏陳永春妻
阮氏陳情妻　夏氏陳善道妻　袁氏陳大勳妻
陸氏陳秉忠妻　孫氏陳鴻機妻　陳氏庠生車武妻
劉氏車與能妻　諸氏車斌繼妻　薛氏車勳妻
張氏車廉妻　林氏車縹妻　陳氏車文元妻
俞氏車漢冲妻　張氏車漢妻　傅氏管元緣妻
黃氏丁時濟妻　黃氏丁協妻　王氏丁賓妻
葛氏丁環二妻　王氏丁景稷妻　朱氏丁文炳妻
李氏丁培三妻　媳車氏蕃七妻　黃氏庠生丁士鏞妻
石氏丁士鉉繼妻　潘氏庠生丁士鍔妻

張氏丁圖升妻　馮氏丁柱十妻
姚氏庠生丁世錦繼妻　王氏丁操七妻
許氏丁維翰妻　倪氏丁周錫繼妻○已上據採訪

右節婦

國朝已旌

馮星聚二女父早卒兄亦早喪母董多病弟姪俱幼二女約事母助嫂撫養不嫁

陳十姑秉禮次女親老弟幼女代子職終身不字卒年七十一

顧氏成德長女性剛執以父母無子誓終養喪葬祭祀皆身任之○已上道光間　旌○據闈幽甲錄

楊安姑帝臣女父早卒無兄弟守貞不字養母終其身母張病刲股和藥得愈年四十五卒光緒間　旌○據闈幽己錄

陳大姑舉人洪昌女採訪冊作六姑孝養父母終身不字

辛年六十四光緒閒　旌○據浙江節孝全錄

右孝女

車廿二姑一寶女年二十餘未嫁咸豐辛酉賊至投池死

曹雅姑貢生金階女同治壬戌賊至赴水死年十四

王昭姑應昌女　周增姑濟美女　陳荷姑如桂女

章桂姑仙才女　丁榮姑啟賢女　陳陳姑佩營女

丁益姑兆立女　丁福姑載松女

徐雲姑原名福姑孝元女　張氏二女思君女

徐招姑廷榮女　葛小姑昌明妹　丁八姑望有女

丁女長延女　陳女阿來女　丁氏二女松林女

徐多姑　徐大姑　周蘭姑

周三姑　顧明姑　顧雲姑

陳大姑陳康女○已上同治閒　旌○據忠義錄

顧福姑顧大女　單增姑單大女　羅大姑羅來女

韓增姑小二女　傅女周榮未婚妻○已上同治閒　旌

○據縣册

右烈女

顧女字楊德未婚而德死女守志終身乾隆閒　旌○據嘉慶志

曹女乾隆閒　旌○據乾隆府志

賈餘慶姑監生曉初女守貞不字咸豐閒　旌○據採訪

陳小姑珙兆女矢志守貞卒年六十八

盧女庠生之光女字厲名揚未嫁厲卒女年十七即矢志守貞同治八年卒年三十八○已上光緒閒　旌○據採訪

右貞女

謝黃氏同治閒　旌○據縣册

茹氏徐元鳳妻餘姚茹貴女夫早故嘗爲翁刲股療疾光緒元年以孝　旌○據闡幽戊錄

右孝婦

陳氏俞守定妻守定死無子喪葬畢置酒徧邀族人託以後事即扃戶自經道光間　旌○據闡幽甲錄

徐氏錢瑨秀繼妻瑨秀卒氏矢志守節咸豐初以節孝旌辛酉死於難

余氏張玉殿妻玉殿卒余堅志勵節辛酉之難以賊逼墮樓死年三十四

張氏宋應培妻夫故守節同治壬戌避賊餘姚山中忍餓五日死

羅氏曹寶妻同治壬戌夫偕義民殺賊氏懼不免於難抱子羅法坐河干翌日兵敗賊奄至遂赴水死

方氏監生胡德奎妻與德奎同死難

劉氏陳佩勳妻與媳姚氏同死難

莫氏朱阿四妻與子茂森同死難

齊氏郭思兆妻與子三人同死難

壽氏章宏義妻與子同死難

陶氏丁學相妻與子春林同死難

張氏王聖忠妻與子同死難

葉陳氏與媳唐氏孫女某同死難

周氏葛昌明妻與昌明弟婦姚氏同死難
童氏王日進妻與子同死難
壽氏丁萬化妻與子同死難
陳氏王世英妻與子同死難
張氏陸殿政妻與子佩芳同死難
徐氏武舉宋文睍妻與女同死難
陸氏葉光華妻　謝氏朱作梅妻　趙氏葉開訓妻
陳氏趙夢來妻　羅氏陳信標妻　沈氏陳昇高妻
夏氏謝金樹妻　余氏金夢周妻　黃氏王金龍妻
陳氏張尚古妻　倪氏俞泮芹妻　朱氏陳蘭芝妻
任氏俞英發妻俱夫故守節後殉難
羅氏鮑汝江妻　俞氏周福生妻　徐氏趙永茂妻
孫氏盧丹桂妻　張氏周康甯妻　杜氏鄭際瑶妻
范氏庠生劉繼庶妻　任氏鄭辰高妻
趙氏葛春木妻　俞氏周德昌妻　徐氏陳德源妻
龔氏朱金水妻　趙氏丁添朝妻　韓氏謝秀儒妻
丁氏徐廷訓妻　陳氏徐忠信妻　趙氏黃景秀妻
陳氏車四連妻　王氏羅克俊妻　王氏胡德修妻

丁氏張啟仁妻　鄭氏陸茂枝妻　羅氏孔傳炤妻
錢氏包玉璋妻　丁氏陳小胡妻　孫氏丁學朱妻
倪氏丁鳴鳳妻　夏氏丁國範妻　張氏丁國訊妻
夏氏丁阿朝妻　徐氏丁阿五妻　徐氏丁浩學妻
朱氏陳金球妻　董氏丁懷凝妻　夏氏丁榮昌妻
陳氏鍾漢照妻　任氏丁印川妻　鄭氏丁小章妻
金氏章炳賢妻　陶氏盧允明妻　任氏丁阿富妻
朱氏章大川妻　陳氏沈大方妻　夏氏陳元標妻
徐氏李三妻　魯氏陳效聖妻　陳氏王法先妻
任氏王純如妻　陳氏王大化妻　鍾氏沈加順妻
徐氏沈開懷妻　葛氏包懋允妻　李氏鍾三元妻
姚氏丁阿五妻　周氏姚登台妻　李氏任維明妻
翁氏周孔照妻　徐氏陳金榜妻　趙氏嚴國良妻
張氏鄭友棟妻　俞氏車朝元妻　楊氏嚴運高妻
萬氏陳南喬妻　周氏姚鳳高妻　劉氏陳璧產妻
馮氏趙十四妻　俞氏丁金檀妻　董氏丁雲逵妻
姚氏丁慶復妻　任氏王配義妻　周氏謝之秀妻
萬氏周三寶妻　俞氏葛仙源妻　徐氏周漲發妻

陳氏徐景賢母　蔡氏趙邦行妻　倪氏戚懷妻
范氏姚登高妻　王氏丁五妻　陳氏丁文明妻
王氏丁月中妻　董氏丁泰然妻　夏氏丁明德妻
經氏徐開龍妻　謝氏祝增燔妻　盧氏王然妻
王氏阮有朝妻　何氏謝景堂妻　徐氏周心見妻
姚氏徐德慶妻　張氏徐鳳巘妻　錢氏徐履坤妻
方氏徐善裕妻　田氏夏穀龍妻　孫氏陳品三妻
賈氏劉秉奎妻　俞氏錢煥仁妻　項氏馬少英妻
葉氏丁寶如妻　應氏徐十二妻　張氏李林書妻
王氏丁有五妻　王氏丁鳳山妻　陳氏王茂林妻
阮氏李友山妻　葛氏丁品三妻　錢氏丁濱南妻
張氏丁聖仟妻　徐氏鍾調元妻　謝氏沈清源妻
梁氏樊存艮妻　鄭氏謝學秀妻　梁氏謝震秀妻
董氏謝鼎元妻　韓氏王景珊妻　謝氏傅思義妻
毛氏傅曹初妻　任氏方禹邦妻　范氏丁長延妻
陳氏丁載松妻　李氏徐廷榮繼妻
馮氏張思君妻　許氏丁望有妻　王氏陳阿來妻
虞氏范東高妻　余氏謝述華妻　夏氏陳揚林妻

王氏朱門妻　嚴氏朱洪瑞妻　丁氏王三益妻
金氏陳咬臍母　葛氏沈永章妻　陳氏進士萬文炅妾
馬氏田東井妾　陳氏沈一清妻　錢氏監生袁杞妻
史氏丁繼德妻　倪氏陳文興妻　黃氏庠生項周樞妻
王氏陳孔金妻　任氏朱裕和妻　許氏庠生萬文煐妻
車氏陳紹槐妻　金氏陳紹源妻
周氏稟生徐大本繼妻　周氏田豐年妻
聞氏陳康妻　黃氏增生徐慶詒妻
沈氏丁鳳林母　姚氏丁鳳林妻
謝氏許星煌妻一作張氏
鄭氏周文妻　徐何氏　陳謝氏
孫余氏　葉馬氏　徐周氏
徐王氏　徐張氏　徐馬氏
徐郭氏　徐方氏　徐車氏
徐王氏　徐周氏　徐錢氏
徐夏氏　徐姚氏　徐嚴氏
徐丁氏　徐何氏　徐王氏
徐陳氏　徐董氏　趙周氏

郭齊氏　鍾徐氏　吳徐氏
俞王氏　陳范氏　許任氏
許徐氏　徐李氏　祝王氏
阮王氏　陳王氏　王任氏
陳夏氏　徐石氏　朱王氏
黃王氏　陳周氏　謝陳氏
王徐氏　王陳氏　葛鍾氏
葛丁氏　郭徐氏　周夏氏
周朱氏　顧曾氏　鍾葛氏
周徐氏　董徐氏　陳張氏
某氏僕婦偶咸同閒殉難○已上同治閒　旌○據忠義錄

杜氏周錦華妻咸豐辛酉遇賊投河賊援之起欲强汚之不屈以矛刺之洞胸穿脇而死

王氏虞生徐春舫妻與二女同死難

葛氏鍾心田妻　楊氏夏天福妻　賈氏曹國貴妻
羅氏倪開緣妻　魏氏倪福來妻　李氏梁衡玉妻
胡氏倪十二妻　張氏項廷基妻　魏氏周南陽妻

杜氏周維茂妻　王氏潘四毛妻　賈氏沈文奎妻
王氏夏天開妻　馬氏陳初封妻　單氏陳世圭妻
張氏嚴桂淸妻　黄氏周仁榮妻　陳氏吕廷九妻
張氏賈小福妻　鄭氏戚志淸妻　黄氏汪咸亨妻
陸氏夏維凝妻　倪氏羅禮和妻　顧氏羅金富妻
夏氏徐宏奎妻　羅氏楊兆熊妻　汪氏陳立功妻
田氏陳立功媳　羅氏蕭守元妻俱咸同間殉難。已上同治間旌。據縣册

徐氏陳光耀妻年二十八寡咸豐辛酉賊至投河死年六十八

褚氏王德意妻咸豐辛酉被虜不辱時有娠剖腹而死或云自經死

張氏錢景桂妻年十九桂卒守節四十餘年咸豐初以節孝旌同治壬戌遇賊投池賊刺以槍死

陳氏姚萬孝妻年二十五夫殁守志道光三十年旌同治壬戌遇賊自刎死年六十四

莫氏鄭繼康妻夫故守節同治壬戌駡賊死

陳氏張首誠妻同治壬戌賊逼之持厨刀以拒被洋鎗轟

斃

蔣氏張高妻　陳氏葉庸甯妻　唐氏葉祝千妻

朱氏余邦榮妻　盧氏王福履妻　王氏庠生俞顯妻

祝氏朱金蘭母　張氏葛芝蘭母　張氏葛玉妻俱同治

壬戌殉難。已上同治閒　旌。據採訪

葛氏武生呂錦奎妻同治壬戌遇賊不從被洋鎗轟斃時

年二十八或云投河死

谷氏署福建金門縣丞趙丙榮繼妻同治壬申七月初四

丙榮卒卽日仰藥死年三十九。已上光緒閒　旌。

據闡幽戊錄

袁俞氏光緒閒　旌。據縣册

右烈婦

竺氏金文煥妻　順治閒　旌。據康熙志

潘氏陳華暘妻　徐氏倪運彩妻

鄭氏庠生葛千生繼妻

羅氏田元珍妻。已上康熙閒　旌。據沈奎補稿

徐氏王瑞源妻康熙間　旌。據備稿

張氏王大望妻　鄭氏王益生妻。已上康熙間　旌。

據採訪

章氏徐振緒妻　潘氏唐聞樂妻　陳氏王寅十五妻。

已上　旌年未詳。據康熙志參嘉慶志。案已旌

節婦有曾見舊志而　旌年無考者仍依舊志時代爲

次至此次採訪雖有時代較早之人無可依據通附於

末

周氏倪子翰妻雍正間　旌。據一統志

許氏范蕙妻年十八夫卒後其子甫婚三載亦卒遺周歲

孫艱辛備歷者六十年

馮氏黄木妻　邵氏陳永齡妻　王氏庠生金仰泉妻

項氏萬曲江妻　趙氏王雄略妻

張氏郡庠生陳之循妻　唐氏金機妻

俞氏成浩妻　徐氏庠生周祖康妻

胡氏庠生章廷光妻　羅氏庠生汪宅之妻

黄氏徐建斗繼妻

孫媳黄氏庠生復超妻　陳氏朱茂遠妻

鄭氏丁賡漢妻　王氏庠生丁浩妻
趙氏庠生曹友參妻　周氏庠生成二我妻
唐氏倪謙一妻　金氏錢桂宇妻　孫媳陸氏恭義妻
孫氏陳沛艮妻　金氏陳偕妻　葉氏黄文達繼妻
孫媳陳氏裳妻　唐氏莊妻　黎氏庠生羅殷四妻
潘氏朱四妻○已上雍正間　旌○據乾隆府志
邵氏王子和妻雍正間　旌○據採訪
劉氏謝鞏伯妻　胡氏黄應斗妻　華氏曹同德繼妻
陳氏錢宗回妻　項氏曹育四妻　夏氏曹貴十六妻
黄氏徐應祥妻　鄭氏龔舜揆妻　陳氏庠生龔文揆妻
○已上　旌年未詳○據嘉慶志
李氏陳璟妻　朱氏陳尚志妻　徐氏庠生俞夢台妻
陸氏陳應鵬妻　邵氏謝爲丕妻　周氏葛毓來繼妻
俞氏顧公瓚妻　顧氏趙國對妻　沈氏周彬貽妻
項氏萬鳳溪妻　張氏謝德嘉妻　錢氏庠生周宗紳妻
何氏俞廷光妻　任氏錢士陞妻　陳氏朱桓妻
王氏唐士宏妻　曹氏陳仲燦妻　徐氏謝公沛妻
嚴氏俞國書妻　朱氏周士福妻　陳氏唐應昌妻

桑氏徐維周妻　羅氏袁大來妻　朱氏李人政妻
李氏陳鯤妻　俞氏陳尹諧妻　陳氏徐及祖妻
黃氏徐循祖妻　陳氏鄭懋德妻　黃氏庠生鍾鼎文妻
徐氏嚴四如妻　范氏許念九妻　羅氏廪生曹咸吉妻
杭氏趙芳勝妻　嚴氏陳亮如妻　朱氏杜景孝妻
經氏李國士妻　陳氏方尚賢妻　章氏戚廷元妻
潘氏鄭汝銓妻　袁氏姚奇發妻　袁氏趙允昌妻
沈氏杜德瑛妻　周氏王光宗妻　徐氏陳克嶷妻
項氏曹言綸妻　趙氏王績榮妻　戚氏陳鳳占妻
葛氏徐象賢妻　戚氏李天如妻　張氏趙蘭妻
盧氏何元恭妻　何氏陳時渭妻　章氏貢生曹鴻慶妻
謝氏朱滋善妻　劉氏徐公悅妻　陳氏庠生徐虎文妻
車氏王武匡妻　張氏陳廷勳妻　丁氏葛晉繼妻
陳氏王我備妻　倪氏陳日高妻　趙氏俞文俊繼妻
倪氏陳俊亮妻　徐氏陳栻妻　范氏陳文治妻
王氏趙祖光妻　陶氏陳克新妻　林氏趙祖法妻
龔氏趙思佐妻　邵氏俞秉鉉妻　吳氏曹鳳起妻
王氏陳志耀妻　張氏金玉妻　朱氏俞德顯妻

嚴氏陳德鳳妻　呂氏陳以孝妻　謝氏陳景仁妻
陳氏蔣聖瑞妻　魯氏陳仲文妻　鍾氏姚天生妻
黃氏陳星中妻　沈氏趙奎妻　范氏庠生陳體仁妻
李氏王宰四妻　范氏戚紹妻　朱氏何錦生妻
許氏范佩茂妻　王氏丁斯美妻　蒲氏顧協勳妻
李氏謝廷彥妻　范氏竺期聖妻　任氏林明綱妻
張氏楊茂九妻　沈氏黃存恕妻
張氏萬燮一名文德妻　董氏陳人一妻
陳氏羅聖臣妻　陳氏謝司詔妻　陳氏許長仁妻
任氏陳日明妻　唐氏金光宗妻　陳氏李會芳妻
謝氏宋常祿妻　俞氏陳鳴廷妻　謝氏郡庠生陳璣妻
府志年二十五而寡足不下樓五十年
俞氏陳士良妻　朱氏錢萬遴妻　鄭氏庠生王子捷妻
呂氏陳一相妻　陳氏趙允祈妻　葉氏庠生錢恭禮妻
鄭氏顧聖惠妻　褚氏朱夏冕妻　趙氏姚立方妻
龔氏曹繩其妻　俞氏王介儒妻　金氏葛常夏妻
夏氏鍾仲讓妻　陳氏王宏祚妻　李氏顧仕法妻
朱氏顧廷標妻　陳氏趙時及妻　顧氏陳勳妻

陳氏王定遠妻　姜氏郭琴伯妻　夏氏許鳳山妻
丁氏黃孫侯妻　王氏劉太聰妻　陸氏郭子成妻
鄭氏黃斌妻　趙氏邵汝桐妻　周氏庠生葛巽妻
趙氏陳子盡妻　丁氏徐文德妻　李氏呂嘉祚妻
顧氏呂燦義妻　沈氏謝爾傑妻　金氏葉天秀妻
胡氏王寶山妻　屠氏田爾衡妻　車氏張德安妻
章氏顧君錫妻　車氏任渭濱妻　周氏庠生徐斯敏妻
李氏許亦燾妻　魏氏錢克銓妻　嚴氏錢紹虞妻
謝氏陳大珍妻　顧氏葉珩妻　陳氏高思孝妻
顧氏呂如翰妻　王氏萬兆清妻　顧氏呂思孝妻
邵氏金文科妻　徐氏顧國佐妻　茅氏趙九齡妻
王氏陳士萃妻　顧氏趙申錫妻　羅氏職員田廷三妻
石氏羅名達妻　倪氏謝兆昌妻　徐氏周三聘妻
丁氏周雪千妻　邵氏韓大宗妻　韓氏何公佐妻
潘氏何奎儒妻　王氏謝文道妻　朱氏張鳳岡妻
陳氏趙越正妻　張氏程大成妻　陳氏朱禹昌妻
葉氏何萬盛妻　沈氏何鄭侯妻　曹氏監生錢景妻
王氏唐奎妻　俞氏唐佐清妻　馬氏庠生胡鑑妻

葛氏顧允詵妻　羅氏顧允詔妻　王氏顧允詡妻
王氏羅繼美妻　羅氏石陳範妻　朱氏庠生王維桂妻
陸氏陳之奇妻　任氏史景增妻　張氏職員俞季貞妻
王氏徐一鶴妻　姚氏張應龍妻
毛氏庠生田觀瀾繼妻　丁氏錢應奎妻
袁氏謝克拯妻　倪氏王志芳妻　孫氏張忠妻
謝氏曹紹曾妻　黎氏杜仲山妻　吳氏金長叔妻
徐氏陳璜妻　童氏陳敏伯繼妻
劉氏沈華八妻　錢氏沈元信妻　張氏馬浩妻
楊氏章天照妻　任氏趙如楠妻　吳氏陳邦憲妻
邵氏潘子安妻　陳氏王若泗妻　王氏黎艮妻
王氏馬秉文妻　萬氏項若濟妻　吳氏陳宗文妻
顧氏戚君侍妻　賀氏宋允文妻　倪氏章儼若妻
王氏陳宏學妻　葛氏陳國祥妻　李氏趙顯卿妻
陳氏戚克仁妻　周氏丁重光妻　杜氏王爾式妻
林氏李建初妻　嚴氏胡光濟妻　蒲氏桑定國妻
田氏趙環水妻　林氏虞濟美妻　王氏顏世美妻
陳氏應宏文妻　韓氏夏爾恆妻　孫氏庠生賈素書妻

朱氏葛席蘭妻　章氏陳繩武妻　宋氏庠生曹思恭妻
余氏呂愷一妻　陳氏石盛公妻　王氏陳嘉賓妻
陳氏章服周妻　陳氏顧淮士妻　呂氏何君佐妻
劉氏王若佑妻　任氏陳紹妻　任氏車紹藩妻
阮氏俞克岐妻○已上乾隆間旌○據一統志
唐氏黄其志妻夫爲山寇所殺氏痛哭暈地未幾姑卒氏
營葬撫孤
喬氏陳維孝母　朱氏陳維孝妻　范氏庠生陳祥元妻
張氏葛新庚妻　華氏陳翼倉妻
謝氏庠生胡有章繼妻　朱氏謝友範妻
周氏錢涵妻　許氏庠生王全璧妻
陳氏周錦妻　趙氏錢湘妻　徐氏庠生謝敏妻
周氏錢琮妻　趙氏錢江妻　陳氏庠生胡偉繼妻
徐氏宋洪謨妻　鄭氏謝廷倈妻　陳氏曹榮慶繼妻
賈氏陳培士妻　周氏王載八妻　陳氏庠生徐大炳妻
媳董氏庭堅妻　陳氏庭基妻　章氏林喬妻
余氏俞成倈妻　王氏馬洽妻　陳氏賈觀國妻
謝氏杭尹思妻　賈氏劉文增妻　龔氏王茂霖妻

孫氏杜天錫妻　陶氏曹震妻　俞氏賈之賢妻
華氏黎昇庸妻　田氏陳鎔八妻　曹氏章三嵋妻
章氏曹達祖妻　徐氏陳模妻　陳氏金玉妻
童氏陳毓伯妻　吳氏金長發妻　謝氏曹紹祖妻
顧氏楊茂七妻　黃氏徐際可妻　許氏徐均可妻
郭氏賈鼎妻　鄭氏黃鉞妻　謝氏張發二妻
吳氏陳可久妻　徐氏陳聖求妻　任氏陳紹達妻
徐氏葉燦久妻　阮氏郭維城妻　沈氏朱君宰妻
何氏潘青崕妻　羅氏姚我萃妻　樊氏庠生祝舒安妻
趙氏王心赤妻　俞氏謝大任妻　俞氏潘依仁繼妻
王氏葉世懷妻　王氏史景增妻　田氏羅時榮妻
黃氏潘瑞卿妻　王氏賈新七妻　郭氏賈鼎元繼妻
唐氏金宗先妻　黎氏杜宗黼妻　陳氏李某妻
鄭氏李某妻　潘氏鄭如銓妻　張氏楊九一妻
盧氏何元泰妻　項氏楊茂士妻　沈氏陳魁妻
余氏呂聖則妻　韓氏夏元英妻　任氏車維藩妻○已
上乾隆間旌○據府志

鄭氏李忠言妻○補稿氏幼以孝聞年十七歸李三月而

寡無子苦守卒年七十七

謝氏鍾嘉修妻　顧氏王維禮妻　胡氏王世安妻

王氏汪甯紹妻　賈氏沈位焉妻　金氏陳思宗妻

郭氏俞士峻妻　夏氏鍾仲宣妻　龔氏監生曹師晉妻

李氏何士麟妻　葉氏何斗瞻妻　沈氏庠生王藎臣妻

宋氏劉尚玉妻　胡氏鄭奕蘭妻　董氏曹符夢妻

車氏張德恩妻○已上乾隆閒旌○據嘉慶志

羅氏田鼎元妻　蕭氏田鴻妻

毛氏庠生田於道繼妻　朱氏俞考生妻

陳氏楊秉仁妻　水氏謝効忠繼妻

謝氏監生朱吉妻　何氏俞昂十五妻○

已上乾隆閒旌○據沈奎補稿

朱氏錢偉才妻　何氏羅福周妻　徐氏陳鏻妻

張氏馬淑三妻○已上乾隆閒旌○據採訪

丁氏陸景袁妻年二十八寡事上撫下備稱孝慈有姻戚

欺其年少非禮相干丁正色拒之

周氏曹君顯妾　胡氏項起鳳妻　富氏庠生徐言妻

沈氏徐求源妻　陳氏徐自求妻　盛氏徐文秀妻

王氏徐芳妻　王氏徐聖道妻　胡氏職員夏燕繼妻
陳氏徐一位妻　劉氏何安國妻　張氏陳右之妻
徐氏陳溢妻　李氏陳作梅妻　陳氏朱懋德妻
孫氏劉上元妻　錢氏黎八鴿妻　王氏任斯美繼妻
屠氏任光一妻　沈氏徐潤妻　羅氏姚我萍繼妻
鍾氏陳月明妻○已上旌年未詳○據嘉慶志
羅氏監生謝掌文妻○補稿年二十二而寡撫孤蘭兆成
立晚年命兆置義田義塾以惠族人
田氏陳重遠妻　田氏徐漢照妻　嚴氏朱騰蛟妻
汪氏朱濟妻　趙氏何浩妻　王氏謝鳳儀繼妻
葛氏陳惠來妻　俞氏陳汝賢妻　周氏顏爾贊繼妻
陳氏徐貞桂妻　俞氏韓元燦妻　諸氏監生杭煜妻
羅氏王赤一妻　媳黃氏朝佐妻　虞氏章方來妻
邵氏陸袁俊妻　陳氏俞賡妻　姚氏俞一清妻
孫氏俞登年妻　朱氏趙彩熙妻　宋氏庠生俞善之妻
沈氏俞思統妻　李氏陳湘妻　朱氏宣彙征妻
陳氏曹紹剛妻　江氏趙金三妻　劉氏監生宣理妻
李氏趙紹憲妻　蕭氏趙逢時妻　吳氏庠生陳貽孫妾

謝氏王肯城妻　顧氏謝岫可妻　鮑氏徐五德繼妻
蒲氏陳樹本妻　盧氏張如璧妻　馬氏監生王嚴叔妻
劉氏倪名發妻　呂氏范椿年妻　何氏庠生周殿榮妻
童氏高士桂妻　吳氏葉堯章妻　朱氏陳方平繼妻
徐氏陸鍇妻　鄭氏陳宗祐妻　馮氏王文瀾繼妻
俞氏葛邦翰妻　媳葉氏東麗妻　徐氏監生錢殿瑞妻
姚氏呂德周妻　錢氏萬啟校妻　陳氏謝友潮妻
王氏錢鷺飛妻　徐氏陳英久妻　湯氏職員陳戩妾
鄭氏錢應萬妻　徐氏謝蘭妻
林氏庠貢生錢清時妾　陳氏謝瀚妻
俞氏王廷彥妻　程氏監生葛大元妻
賈氏任新臣妻　賈氏陳秉仁妻
劉氏廩生葛廷元繼妻　郭氏連聲聞妻
陳氏謝從信妻　夏氏何仁元繼妻
韓氏葛邁種繼妻○已上嘉慶間旌○據題旌册
沈氏何世周妻　陳氏史積銳妻　袁氏庠生趙啟書妻
李氏譚能禮妻　孫氏葉學先妻　趙氏職員嚴光照妻
王氏顧協元妻　徐氏職員謝逢鄉妻○已上嘉慶間

旌○據沈奎補稿

吳氏黃普妻　張氏賈朝綱妻　許氏杭景昇妻

陳氏徐大明妻　郭氏徐孝先妻　宋氏羅廷弼妻

韓氏葛秀其妻　項氏倪奇甫妻　張氏徐際盛妻○已上嘉慶間旌○據採訪

王氏羅儒芳妻守節撫孤積置道字號山十八畝捐爲義冢卒年八十餘

陸氏趙士璜妻　嚴氏顧新始妻　杜氏顧麟圖妻

陳氏袁士臧妻　陳氏王君華妻　顧氏趙勛二妻

顧氏陳經妻　李氏宗鵬南妻　俞氏庠生謝宏業妻

張氏謝礽一妻○已上旌年未詳○據沈奎補稿

余氏劉孟賢妻　陳氏劉瓚妻　何氏劉潮妻

屠氏劉徐綱繼妻劉氏譜處女完貞○已上旌年未詳○據備稿

沈氏張思明妻　趙氏張忠賢妻　王氏張元慶妻

夏氏王式斐妻　徐氏王加璧妻　趙氏何萱十二妻

陳氏何日助妻　蒲氏何其華妻　王氏何邦十七妻

李氏陳顯文妻　嚴氏陳文德妻○已上旌年未詳○

據嘉慶志參採訪

謝氏曹含美妻　王氏劉樞妻　許氏監生錢璜妻
陳氏何樂天妻　陳氏王岐山妻　陳氏錢殿信繼妻
曹氏顧如璋妻　陳氏顧朝鼎妻　媳馮氏用昭妻
徐氏陳宸一妻　黃氏朱瑞占妻
朱氏舉人趙應魁繼妻　韓氏嚴貴三妻
張氏何沛妻　徐氏貢生陳廷鈺妾
許氏陳葛妻　陳氏章僩妻　張氏萬啟杭妻
朱氏劉泂妻　張氏劉潤妻　陳氏庠生徐綱妻
田氏徐如潮妻　胡氏徐煌妻　吳氏監生章喆妻
范氏徐龍如妻　徐氏吳啟耀妻　董氏陳大全妻
沈氏錢聖祥妻　梁氏羅松茂妻　顧氏監生朱霖妻
唐氏張文炫妻　湯氏王敬泰妻　黃氏汪家烈妻
黃氏陳萬青妻　丁氏魏聖和妻　閻氏魏聖時妻
宋氏徐孟賢妻　王氏徐慕中妻　盧氏徐易城妻
陳氏徐楠妻　王氏徐兆年妻　鄭氏庠生徐兆燕妻
章氏何廷學妻　趙氏陳廷玉妻　張氏增生王錦雲妻
袁氏王邦和妻　沈氏王國棡妻　陳氏丁景燦妻

陳氏錢人典妻　陸氏李開源妻　許氏監生張朝陽妻
羅氏賈文運妻　呂氏夏永淦妻　臭氏職員田永昌妻
趙氏葛永祚妻　陸氏張傑賢妻　周氏庠生金元音妻
李氏吳乾亨妻　金氏何麟祥妻　趙氏朱茂樟繼妻
周氏趙槐妻　王氏金道霑妻　鄭氏陳紹城妻
邵氏嚴洽妻　嚴氏沈孔嘉妻　茅氏賈觀象妻
曹氏金永清妻　陳氏朱鳳逸妻
嚴氏庠貢生錢鳧飛妾　張氏陳元幹妻
張氏趙聚英妻　梁氏李龍德妻　王氏謝曾川妻
阮氏李紹奇妻　余氏縣丞徐幹妾
何氏陳涵妻　張氏陶兆璋妻　王氏陳聲洪繼妻
楊氏周伯全妻　媳鍾氏元功妻　孫媳陳氏自新妻
田氏李景時妻　陳氏庠生劉機妻
湯氏監生杜汝照妻　朱氏萬文燦妻
裴氏何元興妻　陳氏監生金靜瀾妻
王氏何玉澧妻　沈氏鍾信文妻　阮氏監生潘烈功妻
○已上道光間旌○據題旌册
錢氏監生謝文煜妻年二十七而寡事姑孝姑病刲股療

之
連氏謝嘉斌妻　陳氏劉瓘玉妻　夏氏謝德新妻
何氏謝聞達妻○已上道光間旌○據沈奎補稿
王氏何德皋妻　徐氏夏渭英妻　張氏陳理源繼妻
孟氏羅萬清妻　徐氏黃文煜妻　張氏劉紫貴繼妻
田氏徐如瀚妻　黃氏陳鳳卜妻　胡氏庠生徐燦元妻
袁氏謝鼎兆妻　戚氏賈切妻　華氏蔣泰來繼妻
韓氏朱淇竹妻　陳氏田月桂妻　趙氏監生錢星繼妻
梁氏孫立妻　王氏孫誥妻
田氏監生錢人衡繼妻　王氏舉人錢啟妻
陸氏張其賢妻　陳氏庠生錢汝紳妻
王氏監生賈祖堯妻○已上道光間旌○據採訪
徐氏周泰元妻　陳氏庠生徐燦妻
姚氏庠生葛哲文妻　萬氏范清瑞妻
夏氏梁其雍妻　徐氏監生曹本妻
商氏陳遜妻　陳氏金大化妻　吳氏項彭若妻
張氏項與恭妻　丁氏徐雲龍妻　朱氏謝增益妻
王氏羅一鵬妻　王氏郭維城妻　楊氏陳孔傳妻

張氏范景烝妻　陳氏金觀淮妻
朱氏庠生謝鳳昭繼妻　陳氏謝瑚妻
姜氏謝曾三妻　徐氏庠生陳東萊繼妻
謝氏陳周英妻　萬氏陳斯文妻　周氏庠生范聖統妻
沈氏許成章妻　沈氏鍾元道妻　王氏范文明繼妻
王氏張雨蒼妻　葛氏陳邦甯妻　徐氏庠生張禹美妻
曹氏徐德溥妻　陸氏陳驚人妻　徐氏張天瑞繼妻
謝氏賈維城妻　陳氏庠生趙藩妻
馮氏監生張士衡繼妻　宓氏王顯耀妻
沈氏朱秀章妻　田氏監生杜錫成妻
朱氏顧其興妻　趙氏陳之蕃妻
康氏宣化典史顧芝桂妾　章氏謝樓觀妻
王氏龔存義妻　王氏龔懷金妻　陳氏龔仁宗妻
趙氏龔爾康妻　錢氏吳書巢繼妻
龔氏馮宗海妻　黃氏鍾璜妻　周氏徐尙德妻
丁氏徐萬華妻○備稿年二十三寡負薪易米藉以餬口
晚年代人誦經積餘貲爲夫立祭
金氏徐志淸妻　孫氏徐金聲妻　陳氏徐鼎煊妻

朱氏徐德助妻　呂氏徐景蔽妻　葉氏徐元龍妻
吳氏虞清源妻　盧氏虞士章妻　劉氏虞廷贊妻
盧氏沈培嘉妻　范氏朱人恆妻　趙氏朱三才妻
吳氏朱柏齡妻　曹氏朱耀庭妻　李氏朱錫袞妻
張氏朱天相妻○採訪册年二十七而寡矢志堅忍足不出戶者四十年
陳氏朱學再妻　曹氏胡肇棟妻　王氏胡邦助妻
喬氏胡誠齋妾　倪氏盧孔時妻　經氏俞鳳池妻
董氏俞一棟妻　錢氏俞淮南妻　董氏俞學校妻
倪氏俞泮芹妻　周氏俞成名妻　陳氏俞慶德妻
陳氏俞時慶妻　陳氏俞寶琳妻　吳氏俞嘉謨妻
陳氏俞載嶽妻　陳氏俞文在妻
李氏庠生俞仁通繼妻　袁氏俞大德妻
張氏屠一桂妻　杭氏佾生黎宮木妻
徐氏倪大奎妻　邵氏倪安國妻　虞氏倪光斯妻
趙氏倪景武妻　趙氏黎金福妻　俞氏黎慶餘妻
陳氏柴九齡妻　徐氏陳楨妻　華氏陳志奇妻
王氏陳球妻　葉氏陳德隆妻　徐氏陳寶泉妻

丁氏陳作霖妻　朱氏陳鑑衷妻　賈氏陳南星妻
徐氏陳梧妻　厲氏陳可培妻　錢氏陳廷謨妻
賈氏陳鳳飛妻　杜氏陳積豐妻　黄氏陳梯雲妻
夏氏陳桂林妻　葉氏陳克照妻　章氏陳璠妻
俞氏陳煥文妻　陸氏陳伯雛妻　章氏廩生陳濟源妻
葛氏陳邦采妻　周氏陳揆一妻　倪氏陳玉堂妻
姚氏陳允銘妻　謝氏陳楚良妻
賈氏監生陳秀升繼妻　王氏陳元聖妻
周氏陳尚厚妻　周氏陳尚志妻　楊氏陳炳元妻
徐氏陳思倫妻　戚氏武生陳一椿妻
張氏陳德峻妻○備稿年二十三而寡撫繼子守節性誠孝嘗刲股療翁疾
王氏陳維勳妻　鄭氏孫玉燕妻　唐氏孫玉燦妻
梁氏孫孔鐸妻　趙氏孫鎮方妻
王氏監生孫望華繼妻　夏氏孫宏章妻
羅氏袁作義妻　董氏樊存禮妻　丁氏顏鵠求妻
何氏潘文友妻　陳氏錢文顥妻　嚴氏錢夢機妻
謝氏錢日駉妻　謝氏武生錢遇春妻

任氏錢明洲妻　萬氏錢春升妻　蔣氏田鼎周妻
沈氏田長齡妻　謝氏田世彥妻　范氏田鳳岡妻
倪氏包雨人妻　蔡氏包再見妻　馮氏高廷臣繼妻
周氏姚萬嵩妻　梁氏曹大槐妻　陳氏曹烈妻
王氏茅玉書妻　俞氏何士林妻　曹氏何九江妻
蔣氏羅長清妻　倪氏羅亨妻　孫氏羅肇隆繼妻
倪氏羅以江妻　邵氏羅以海妻　王氏車景洪妻
葛氏車全發妻　史氏車雲梯妻　秋氏華慶祥妻
陳氏華紹顏妻　汪氏紹顏妾
袁氏郡庠生張文軒妻　謝氏張炳南妻
楊氏張晉玉妻　謝氏張廣思妻　朱氏張大成妻〇備
稿婚七日而大成卒紡績奉姑誓死不二
呂氏張君相妻　陳氏張聯標妻　范氏張茂春妻
徐氏張兆沅妻　車氏王人豪妻　陳氏王文藻妻
萬氏王邦炅妻　何氏王廷文妻　俞氏王在陽繼妻
錢氏王崑源妻　羅氏王敬仁妻　張氏王鼎立妻
徐氏王德成妻　許氏王光燦妻　孫氏王振嶽妻
趙氏王禮常妻　朱氏王孝基妻　陳氏王炳堂妻

金氏王顯宗妻　徐氏王遠聲妻　唐氏王耿光繼妻
徐氏王聖南妻　邵氏王宣德妻　翁氏庠生王藎臣妻
龔氏黄得曙妻　賈氏黄如心妻　陳氏黄孝榦繼妻
鍾氏黄蘭芬妻　虞氏黄在滔妻　金氏黄節心妻
楊氏方天明妻　鄭氏唐洪誥妻　王氏庠生唐洪謨妻
張氏章爾載妻　林氏章泰來妻　羅氏章濟泉妻
鄭氏梁其平妻　施氏其平妾　陳氏梁其成妻
陳氏梁貴瑜妻　婁氏梁電中妻　秦氏梁楚喬妻
俞氏監生梁安國妻○備稿年二十六而寡撫二子守節好施濟見鄰里貧乏者輒周之
陳氏丁允達妻　俞氏丁可久妻　徐氏丁春餘妻
金氏丁位育妻　陸氏丁景道妻　管氏丁臣國妻
胡氏經東昇妻　胡氏周夢桂妻　龔氏周廂妻
陳氏周庠妻　錢氏周啟榮妻　張氏周富德妻
何氏周大梁妻　孫氏周學禮妻　陶氏周必昌妻
陳氏周殿華妻　李氏周鳳飛妻　賈氏劉渭占妻
陳氏裘貴法妻　馬氏邱廷貴妻　陳氏職員金廷謨妻
吳氏金益三妻　茅氏金魁妻　方氏金運財妻

馮氏林德英妻　王氏林文瀾妻　呂氏林汝海妻
夏氏林遇春妻　馮氏林晉卿妻　邵氏任如林妻
鄭氏任宇明妻　項氏詹高年妻　王氏嚴紀清妻
周氏史悅義妻　徐氏李長松妻　沈氏李香崖繼妻
陳氏李香泉妻　孫氏李如吉妻　王氏李克明妾
陳氏李如江妻　陳氏呂行可妻　錢氏監生許厦梁妻
陳氏杜岳妻　媳丁氏以靖妻　王氏以賢妻
陳氏杜詩章妻　陳氏杜延生妻　王氏趙瓚妻
周氏趙雲進妻　駱氏趙嵩年妻　曹氏趙連壁妻
夏氏趙遇清妻　陳氏趙遇天妻　葛氏趙仁豪妻
倪氏賈錫山妻　戚氏賈志先妻
梅氏布政使理問銜賈五範妾　王氏賈光仁妻
羅氏賈起予妻　謝氏賈永延妻　倪氏賈泗妻
呂氏賈宗其妻　陳氏夏楚佩繼妻
王氏夏績堂妻　曹氏蔣廷侯妻　石氏宋樂鳴妻
趙氏宋奉先妻　梁氏宋繼妻　王氏宋楷繼妻
沈氏顧永福妻　韓氏顧雝妻　媳鄭氏珣妻
陳氏顧鳳岐妻　阮氏顧金莖妾　羅氏沈尙德妻

李氏傅承露妻　顏氏厲汝翼妻　陸氏萬啟樇妻
俞氏萬文驥妻　錢氏萬文炳妻　徐氏邵有萬妻
陳氏謝吾賢妻　張氏謝松巖妻　張氏謝景蘭妻
董氏謝景桂妻　王氏謝景運妻　汪氏謝心傳妻
陳氏謝景泰妻　趙氏謝太初妻　鄭氏監生謝聯三妻
陶氏謝繼齡妻　盧氏鄭丹林妻　葛氏鄭履祥妻
韓氏孟湧妻　夏氏孟森妻　蔣氏陸君言妻
董氏監生陸慕伊繼妻○備稿年三十而寡遺孤二撫教
成立性好施濟有佃戶任姓妻茹苦守節氏爲蠲免其
租十年卒年七十二
龔氏祝辰妻　葉氏祝邦彥妻　韓氏竺超蓮妻
媳王氏文濬妻　王氏葛澄妾　胡氏葛芸臺妻
汪氏葛光濟妻　陳氏薛松茂妻　朱氏薛廷璋妻
倪氏駱繼業妻　賈氏石尚清妻　陳氏石世雄妻
陳氏石作霖妻　胡氏石雲龍妻　沈氏石瑞清妻
宋氏石清輝妻　陳氏石松茂妻　陳氏庠生葉瑞虞妻
謝氏葉成時妻　徐氏葉炳妻　章氏葉士蘭妻
傅氏葉清如妻　王氏葉定茂妻○已上道光間　旌○

據闡幽甲錄

沈氏田鼎和妻
徐氏胡晉川妻
鄭氏王世斂妻
何氏陳丹華妻
媳王氏聖照妻
王氏監生羅秉義妾
周氏趙維宰妻
陳氏葛光曙妻
丁氏俞元會妻
俞氏梁學智妻
金氏錢淑艾妻
王氏趙伏八妻
任氏王萬化妻
朱氏夏子標妻
賈氏龔慶妻
金氏謝景春妻
俞氏謝景銓妻
竺氏謝景蘇繼妻
齊氏徐漢才妻
羅氏馮士鳳妻
金氏馮景遠繼妻
何氏吳文儒妻
王氏陳傑妻
徐氏訓導胡樹本繼妻
黃氏陳登皋妻
戚氏陳耀先妻
張氏陳毓英妻
沈氏陳振書妻
潘氏陳周富妻
李氏監生陳鴻模妻
黃氏陳之琲妻
馮氏袁涵妻
趙氏監生袁澹妻
倪氏錢殿濟妻
施氏錢錫康妻
金氏錢燧如妻
張氏何三貴妻
王氏車景泰妻
夏氏張永如繼妻
夏氏張倬雲妻
李氏張裕順妻
應氏張廣仁妻
竺氏王仲美妻
張氏王占鰲妻
朱氏王德明妻
陳氏王鋆妻
戚氏王璺妻
俞氏王苹陽妻

薛氏李如鎧妻　夏氏李德輝妻　王氏李秋園妻
胡氏劉滄洲妻　金氏謝英泰妻　王氏夏秀桂繼妻
王氏夏廷玉妻　沈氏宋思學妻　李氏趙秉禮繼妻
葉氏葛元會妻　宋氏葛周庠妻　胡氏監生田斐章妻
陳氏戴祖榮妻　孫氏葉俊英妻○已上咸豐閒旌○
據闡幽甲錄
何氏監生錢暲妻　桑氏謝逢熙妻
朱氏田隆妻　王氏陳君陞妻○已上咸豐閒旌○
據題旌册
王氏葉起鳳妻　倪氏田汝能妻　杕氏貢生錢涵妾
朱氏李鐘妻　賈氏陳瑤階妻　管氏丁懷新妻
張氏陳福綠妻　王氏石雲龍妻　徐氏丁昌華繼妻
吳氏趙銓妻　田氏趙庭楨妻　邵氏楊承祖妻
戴氏陳方城妻　顧氏鄭文治妻　俞氏王鳳岐妻
趙氏王玉成妻　宋氏劉燈妻　葛氏庠生劉烍繼妻
陳氏宋維翰妻　徐氏宋學敎妻　王氏宋際泰繼妻
鄔氏宋枚妾　宋氏呂在明妻　陳氏宋佳梅繼妻
朱氏宋盛妻　張氏宋志宏妻　王氏宋恩十四妻

陳氏宋嘉善妻　丁氏宋利先妻　許氏宋宣十九妻
丁氏竺王猷妻　谷氏陳天錫妻　張氏宋悅十二妻
沈氏謝善章妻　應氏任文照妻
唐氏監生王省三繼妻　杜氏嚴豹林妻
符氏嚴周新妻　汪氏監生杜汝照妾
包氏鍾邦雍妻　葉氏俞錫圭妻　朱氏張君卿繼妻
陳氏袁桐芳妻　鄭氏顏光耀妻　王氏黃世傳妻
王氏黃協妻　王氏陳師楷妻○已上咸豐閒旌○

據採訪

金氏高廷章妻　俞氏陳明達妻　王氏庠生顧鶴翎妻
呂氏孫元亨妻　葉氏郎桂林妻　沈氏曹仁祐繼妻
陸氏金慶思妻　金氏謝心得妻　金氏謝日勤妻
賈氏徐雙喜妻　黎氏陳錫山妻　趙氏俞克成繼妻
俞氏嚴金瑞妻　郭氏趙監周妻　俞氏夏福林妻
杜氏賈肯堂妻　陳氏陸聖夢妻
朱氏監生俞紹倫繼妻　金氏茹廷相妻
陳氏羅貫時妻　陳氏茶馬大使錢錫鎬妻
經氏杜子貴妻　顧氏趙銅妻　石氏賈廷英妻

宋氏馮宋藻妻　李氏余延達妻　蔣氏陳開元妻
陳氏姚梅林妻　李氏姚一許妻　張氏何炳華妻
倪氏張秉忠妻　張氏王成龍妻　李氏職員趙維翰妻
朱氏金淮妻　宋氏賈旭旦妻　趙氏蔣凌雲繼妻
謝氏宋寶三妻　余氏邵林妻　章氏邵鳳秀妻
羅氏謝輪輝妻　王氏石懷璧妻　陳氏余光祖妻
賈氏徐清和妻　王氏陳枚妻　鍾氏姚萬黄妻
范氏唐廷連妻　周氏李上達妻　何氏夏維煥妻
宋氏賈渭叟妻　陳氏蔣汝舟妻　沈氏麋生車暄妾
吳氏張開國妻　嚴氏邵泰來妻　俞氏邵緯人繼妻
李氏宋廣運妻　應氏陸永良妻　袁氏陳宗福妻
金氏鍾兆海妻　邵氏余如芳妻　魏氏徐燈堂妻
周氏陳松雲妻　邵氏連恆初妻　杜氏楊光和妻
金氏王文祥妻　石氏王安凝妻　丁氏王樹美妻
郭氏余友孝妻　孫氏余增泰妻
袁氏監生陳步洲繼妻　徐氏杜克恭妻
田氏陳松茂妻　田氏職員羅鈞繼妻
湯氏王景元妻　石氏王郁文妻　周氏王鋐升妻

吳氏趙體乾妻　王氏趙廷珍妻　俞氏趙天祚妻
朱氏李禹美妻　莫氏鄭繼康妻　朱氏武舉范八龍妻
王氏陸永新妻　俞氏郭宏法妻　王氏顧鳴和繼妻
石氏葉國治妻　趙氏葉國香妻　徐氏趙遵海妻
陸氏沈舉妻　黃氏顧宇文妻　金氏邵遇心妻
趙氏祝茂椿妻　阮氏鍾潤昌妻　黃氏監生陸道正妻
朱氏徐同義妻　屠氏朱秀美妻
錢氏布政使照磨余稟妻　嚴氏朱瑽妻
陳氏俞德隆妻　王氏俞國泰妻　謝氏陳松耀妻
余氏陳現鳳妻　趙氏陳肇奎妻　杜氏陳廷章妻
陳氏孫如淮妻　李氏徐成元妻　夏氏袁炳妻
李氏余新富妻　嚴氏余萬成妻　謝氏朱靜洝妻
陳氏朱生有妻　郭氏俞亦孝妻　王氏陳明道妻
丁氏陳學明妻　華氏陳思誠妻　李氏陳東標妻
沈氏袁楷妻　王氏袁廷珏繼妻
蔣氏田純道妻　金氏連堯忠妻　蔣氏監生袁杏妻
施氏連全妻　顧氏王呈萼妻　朱氏周煥辰繼妻
孫氏李君仁妻　徐氏趙聖功妻　王氏趙鑲繼妻

孫氏夏成達妻　金氏沈道元妻　周氏范沛豐妻
韓氏顧鳴鳶妻　王氏邵靜昇妻　趙氏庠生陸熙昌妻
倪氏葉運昌妻　朱氏葉一元妻　俞氏韓同人妻
嚴氏錢廷策妻　陳氏連楚高妻　趙氏何思乾妻
邵氏王有德妻　潘氏嚴金榜妻　杜氏監生嚴曦妻
徐氏趙大田妻　沈氏夏景陽妻　袁氏庠生李震陽妻
馬氏沈里妻　趙氏沈廷圭妻　王氏宋春森妻
金氏陸玉林妻　金氏陸玉榮妻　丁氏陸德成繼妻
陳氏顧世晉妻　孫氏鄭繼芳妻　徐氏葉文思妻
夏氏葉欽和妻○已上同治間旌○據闡幽丁錄
章氏陳南溢妻　楊氏謝某妻　周氏陳御寬妻
陳氏任廣和妻　葉氏陳玉書妻　曹氏袁廷芳妻
陳氏朱清浩妻　陳氏馮興宗妻　陳氏王英燦妻
王氏陳元瑞妻　蔣氏胡景庶妻　姚氏胡國瑛妻
方氏任禹慶妻　屠氏陳懷方妻　杜氏陳義方妻
徐氏任青選妻　田氏賈坤元妻○已上同治間旌○
據縣册

黄氏陳元魁妻年二十餘而寡矢志守節孝事翁姑嘗刲

股療翁疾

王氏陳元勝妻　趙氏葉開勳妻　蔡氏包得冠妻

張氏王英福妻　王氏黃潤德妻　王氏許長春繼妻

羅氏陳占科妻　賈氏陳泰運妻　金氏葉尚春妻

蔣氏梅其公妻　朱氏陳彥妻　龔氏王奎榮妻

丁氏唐廷暄妻　宋氏杜建立妻　魏氏職員尹應淮妻

陳氏成楨祥妻○已上同治間旌○據採訪

黃氏徐占鰲繼妻○採訪冊四川人鰲業於川娶之越半載而鰲卒黃年二十四苦守喪幃待前子奔喪至始扶柩回虞紡紝營生足不出戶卒年八十二

徐氏邱文元妻○採訪冊幼失恃事父孝父病刲股療之後適文元年二十四寡爲姑龔氏刲股療疾得愈卒年四十歲

丁氏陳安發妻　王氏陳濟幹妻　姚氏張汝蘭繼妻

姚氏王君祿妻　石氏王孝華妻　蔣氏黃元妻

李氏趙大坤妻　王氏邵吉妻　童氏郭錦宇妻

胡氏陳孝仁妻　鄭氏陳存仁妻　顧氏章宗元妻

朱氏王仙桂妻　陳氏王啟鴻妻　徐氏王世椿妻

章氏許元勤妻　陳氏許元連妻　陳氏宋栴妻
胡氏徐元龍妻　朱氏徐樹棫妻　姚氏職員葛福珠妻
顧氏朱久照妻　金氏朱煥章妻　葛氏陳爾德妻
朱氏陳如桃妻　金氏陳煥照妻　俞氏陳繼艮妻
胡氏錢吹豳妻　竺氏張瑞雲妻　張氏徐清瀚妻
王氏徐萘猗妻　金氏朱朝宗妻　周氏監生朱楚艮妻
趙氏陳鎬遷妻　朱氏陳廷賢妻　鄭氏陳魁元妻
徐氏孫廷元妻　余氏章宗貞妻　袁氏王炳如妻
丁氏嚴賓書妻　徐氏王楚英妻　余氏顧惠成繼妻
顧氏謝廷材妻　鍾氏葛松齡妻　王氏郭仁安妻
王氏郭鶴齡妻　高氏魏鑲妻　羅氏顧維新妻
陳氏謝德新妻　徐氏石文星妻　呂氏徐紹美妻
余氏徐濟美妻　陳氏徐韶九妻　金氏徐志清繼妻
沈氏徐志範妻　石氏徐紹成妻　陳氏徐明德繼妻
張氏徐寶傳妻　陳氏徐開運妻　姚氏監生徐金福妾

張氏職員曹介福繼妻日昇女年二十刲股療父疾得愈三十而寡守節三十六年

張氏羅家善妻日昇次女年二十七夫卒矢志守節父與

翁病氏皆刲臂肉療之卒年三十九

夏氏孫大康妻　吳氏王德容妻　錢氏王棣妻

符氏夏國治妻　符氏夏國昌妻　趙氏夏日瑚妻

朱氏夏天星妻　任氏賈維艮妻　鍾氏賈魯璠繼妻

陳氏倪椿榮妻　韓氏孫永潮妻　錢氏賈魯觀繼妻

項氏王元偉妻　潘氏黃藩妻　錢氏職員謝椿慶妻

陳氏顧繼林妻　經氏糜明貴妻　余氏監生陸文棣妻

呂氏徐元瑞妻　周氏吳春霆妻　葛氏齊德宗妻

丁氏陳毓錡妻　萬氏陳聖瑞妻　許氏朱元孝妻

陳氏朱元德妻　董氏朱日潮妻　李氏盧爲占妻

戚氏陳清遠妻　徐氏陳清輝妻　金氏陳繼南繼妻

許氏孫清先妻　錢氏王紹仁妻　魏氏庠生何慶澍繼妻

王氏周禹德妻　范氏李守美妻　諸氏金時飛繼妻

賈氏夏茂芝妻　俞氏賈驪妻　項氏趙金德妻

陸氏顧秉照妻　沈氏何啟文妻

徐氏鹽知事謝元龍妾　陳氏王上林妻

王氏杭世奎妻　沈氏監生周維新妻

朱氏嚴允吉妻　金氏呂金德妻　顧氏賈寶三妻

羅氏趙鶴翥妻　陳氏陸東泰妻　余氏陸三雄繼妻
郭氏趙存敬妻　徐氏華慶瑞妻〇已上光緒間旌〇
據闡幽戊錄
王氏徐士元妻　朱氏陳思龍妻　倪氏孫詒慶妻
陳氏錢官儀妻　胡氏監生甄聖源繼妻
劉氏葉經元妻　張氏布政使理問銜楊帝臣妻
宋氏茹大本妻　屠氏布政使理問銜經綸繼妻
陳氏徐恩康妻　陳氏徐泰康妻　李氏朱金寶妻
蔡氏朱天麟妻　徐氏陳福秀妻　吳氏監生甄芾棠妻
顧氏陳金鼇妻　姚氏王天才妻　吳氏庠生錢敬籛妻
嚴氏金桂林妻　余氏任國宰妻　朱氏監生王協恭妻
施氏萬士趨妻　馬氏趙德陞妻　陳氏夏經高妻
屠氏謝漢生妻　俞氏謝元齡妻　俞氏謝聯慶妻
楊氏陸長生妻　沈氏石開泰妻　張氏八品銜陳美妻
章氏葉慶琛妻　吳氏陳永保妻　張氏監生夏長康妻
〇已上光緒間旌〇據闡幽己錄
倪氏俞錫瑞妻　汪氏俞錫煬妻　劉氏庠生胡仁榮妻
陳氏俞國楷妻　胡氏宋潤妻　劉氏謝觀瀾妻

車氏謝復英妻　沈氏姚印璲妻　楊氏王元志妻
俞氏王廷彥妻　何氏王國楨妻　謝氏王學達妻
葉氏謝振雷妻　周氏袁堂妻　羅氏王明妻
陳氏王德沺妻　陳氏何渭川妻　袁氏賈邦翰繼妻
吳氏胡啟鵬妻　宋氏趙登鼇妻　葉氏千總謝國卿妻
許氏陳日昇妻　丁氏陳和乾妻　章氏王懷標妻
楊氏王張貴妻　龔氏胡守埗妻　尹氏潘福齡妻
俞氏金鳳池妻　錢氏監生陳瀏妻
劉氏監生朱其祥妻　姚氏錢維熊妻
糜氏陳三德妻　應氏張念益妻　沈氏陳海田妻
竺氏陳維楨妻　方氏監生張文庶妻
袁氏賈桂芬妻　單氏顧曹標妻　王氏監生石啟堃妻
潘氏石秀章妻　顧氏謝開懷妻
王氏監生章桂英繼妻　謝氏章養齋妻
徐氏俞志三妻　陳氏俞錫麟妻　沈氏陳玉衡妻
王氏陳新傳妻　李氏陳金妻　鄭氏陳嶸妻
周氏陳僑妻　沈氏監生陳德堃妻
范氏姚德標妻　姚氏張衡玉妻　鄭氏監生楊光善妻

張氏王瑞昌妻　鄭氏黃有德妻　某氏周珩妻
朱氏李萬年妻　朱氏李萬鍾妻　鍾氏賈立堂妻
韓氏顧鴻寶妻　董氏俞錫山妻　葉氏陳思淵妻
張氏陳克明妻　阮氏楊寅生妻　王氏黃鍾佑妻
徐氏王裏蔭妻　夏氏梁彪妻　陳氏黃鍾潮妻
林氏董學信妻　虞氏夏廷貴妻　符氏賈貽書妻
貝氏賈濂妻　王氏范開泰妻　邵氏顧德順妻
顧氏謝占鰲妻　何氏謝錫珮妻　鄭氏謝萃秀妻
何氏謝奇齡妻　陸氏鄭錫類妻　龔氏監生王紹陽妻
顏氏張玉祺妻　王氏謝福昌妻　章氏職員屠維嶽妻
周氏萬繼悅妻　韓氏田煥文妻　陳氏李蔭高妻
姚氏周士亮妻　趙氏庠生徐朝光繼妻
楊氏錢錫庸妻　黃氏符福貴妻　趙氏顧雲山妻
夏氏金振芳妻　汪氏張紹顏妻　鮑氏王仙根妻
胡氏陳瀾初妻　王氏李椿年妻　韓氏監生黃景山妻
唐氏王金寶妻　陳氏朱齊安妻　趙氏陳敵臍妻
錢氏谷增貴妻　徐氏監生倪丙杰繼妻
孫氏韓成章妻　梁氏庠生孫繩武繼妻

陳氏俞周航妻　徐氏監生李衡繼妻
陸氏俞進德妻　俞氏嚴懋政妻　陸氏朱長清妻
王氏羅長生妻　傅氏候選典史杭桐繼妻
王氏趙錫型妻　王氏姚聖若妻　魏氏職員錢狍妻
車氏錢燮妻　謝氏徐元錦妻　杜氏監生袁柜妻
陳氏倪立堂妻　郁氏徐仁和妻　錢氏萬繼安繼妻
朱氏錢三葆妻　陳氏徐文耀妻　陳氏庠生朱紹賢妻
徐氏丁鳳邵妻　丁氏徐若桂妻　顧氏王英豪妻
車氏徐郁文妻　夏氏徐占奎妻
沈氏職員徐學良繼妻　許氏徐寶卿妻
李氏陳國安妻　王氏監生俞長源妻
劉氏經升繼妻　葉氏何三妻　龍氏陳壎妾
郭氏潘朝桂妻　謝氏陳厚堂妻　張氏陳槐妻
賈氏趙登雲妻　馮氏羅學禮妻　張氏許傳霖繼妻
蔣氏俞善發妻　宋氏葉夢來妻　蔣氏顧有梅妻
陳氏朱藴香妻　邵氏孫奇勳妻　陳氏經爾熙妻
俞氏陳升堂妻　周氏葛敬慎妻
袁氏從九品吳桂芬妻　楊氏陳燧妻

李氏潘江妻　李氏張貴寶妻　錢氏陳慶雲妻
吳氏張廷珍妻　陳氏趙增賢妻　陳氏周大智妻
陳氏羅純妻　葛氏馬克竣繼妻
黃氏張錫嘉妻　章氏趙庚杜妻　陸氏羅慶秀妻
王氏許傳霆妻　陳氏何丙榮妻　陳氏謝君錫妻
丁氏盧國相妻　葛氏楊文斐妻　錢氏趙乃瀛妻
葉氏張可成妻　陸氏田文龍妻　胡氏馮志剛妻
王氏佾生黃斐然妻　邵氏何墉妻
陳氏黎鑑元妻　王氏監生謝彥生妻
趙氏宋周賚妻　張氏袁城妻　經氏徐元亮繼妻
王氏馮振聚妻　葉氏馮振興妻　陳氏監生袁家堃妻
俞氏徐忠信妻　黎氏徐元三妻　張氏馮振名妻
李氏庠生錢懋燮繼妻　馮氏張燮堂妻
張氏劉炬妻　任氏黃仁三妻　沈氏孫維賢妻
柴氏周國昌妻　田氏范東荀妻　朱氏陳敘妻
俞氏石鳳緒妻○已上光緒開旌○據縣册
夏氏陳芳妻　宋氏袁槎妻　馮氏監生賈愔敷妻
王氏陳萬清妻　吳氏賈邦美妻　陳氏職員王鼎懋妻

吳氏李震雷妻 袁氏李春龍妻 宋氏陳福秀繼妻
石氏趙蘭皋妻 婁氏屠顯耀妻 羅氏趙文院妻
葛氏姚邦富妻 王氏朱萬梅妻 黄氏錢瑞安妻
顧氏金兆明妻 戚氏黄聞風妻 陳氏謝開笙繼妻
羅氏杜瑞春妻 李氏杜鴻昌妻 陳氏監生杜秉文妻
陳氏黎錫章妻 陳氏馮國讓妻 賈氏馮天贊妻
魏氏馮雲生妻 王氏馮宗聖妻 朱氏馮日炫妻
馮氏李長柏妻 嚴氏葉章瑞妻 胡氏庠生趙大文妻
陳氏曹培元妻 萬氏沈拱辰妻 龔氏職員李承芳妻
錢氏黄瑞元妻 陸氏經之昂妻
徐氏從九品銜曹夏徵妻 許氏倪邦林妻
陸氏陳松燦妻 陳氏許大隆妻 陳氏宋文蔚妻
章氏陳章瑞妻 趙氏陳聖傳繼妻
媳徐氏春谷妻 葉氏陳圭三妻 媳史氏東來繼妻
孫媳蔡氏森正妻 錢氏李燕懷妻
姚氏朱思賢妻 李氏陳大川妻 張氏杜景福妻
王氏杜光泰妻 王氏竺孟榮妻 謝氏竺錫圭妻
金氏八品銜陳炘妻 倪氏陳有義妻

施氏陳潮梁妻
胡氏陳九達妻
葉氏杜之翰妻
單氏袁玉田妻
謝氏錢宮妻
王氏陳雙喜妻
朱氏陳如春妻
唐氏許親泉妻
徐氏王松巖妻
俞氏朱祥壽妻
林氏王璩繼妻
顏氏劉志英妻
石氏田麟壽妻
曹氏賈元旦妻
陳氏葛炳照妻
倪氏樊益文妻
王氏陳運燦妻
王氏肥城典史葉際堯妻

陸氏陳南文妻
朱氏監生杜翼孔妻
朱氏杜春風妻
葉氏王景祥妻
王氏竺維清妻
蔣氏袁煥文妻
陳氏倪汝枬妻
萬氏姚錫寶妻
鍾氏王金德妻
羅氏朱五壽妻
謝氏陳維辛妻
何氏錢履亨妻
顧氏謝嵩慶妻
何氏陳希賢妻
吳氏茹鼎新妻
顧氏趙懷𡉙妻
沈氏宋雲青妻

朱氏陳德彪妻
黃氏佾生杜周德妻
項氏庠生謝梯述妻
陳氏季瑞鳳妻
黃氏項澍妻
嚴氏經啟望妻
葛氏陳美忠繼妻
楊氏田陽春妻
丁氏黃有福妻
萬氏庠生汪鉅妻
王氏楊善章妻
張氏夏邦茂妻
張氏監生葛表繼妻
顧氏監生潘大昌妻
羅氏邵達初繼妻
汪氏黃君仁妻

錢氏陳吹篪妻　王氏庠生陳紹平妻
曹氏鄭重妻　趙氏江兆奎妻　連氏監生馮樹銘妻
陳氏顧殿魁妻　郎氏金士芳妻　朱氏王士言妻
王氏顧時有妻　俞氏金賜福妻　姚氏監生朱久成妻
徐氏夏雨功妻　項氏周應澍妻
徐氏候選縣丞陳樹敏妻　周氏張廷瓚妻
馮氏劉敏生妻　孫氏職員柴俊秀繼妻
朱氏錢吹暘妻　黃氏陳乃德妻　趙氏丁增光妻
陳氏金瑞隆妻　包氏謝繼運妻　沈氏葛永慎妻
竺氏陶忠孝妻　羅氏吳善鈞妻　俞氏石如帆繼妻
任氏車沛然妻　丁氏沈錫璜妻
傅氏從九品陳維新妻　林氏張爾圭妻
陳氏王肇英妻○已上光緒閒旌○據浙江節孝全錄
顧氏桑兆增妻　李氏金章發妻　俞氏杜風妻
項氏杜煤妻　陳氏賈九鳳妻　孫氏包潮因妻
黃氏錢錫範妻　張氏吳際堂妻　陳氏劉勤墉妻
石氏趙培妻　謝氏姚開先妻　余氏姚登士妻
張氏王毓品妻　余氏杭正奎妻　朱氏職員錢聚仁妻

朱氏倪廣耀妻　俞氏任文懋妻　劉氏葛鎔妻
朱氏嚴廷楷妻　錢氏劉菽言妻　劉氏監生錢兆蓉妻
錢氏丁增明妻　趙氏袁烽妻　徐氏陳得生妻
朱氏錢玉如妻　葉氏俞普妻　王氏佾生黄春元妻
陳氏倪思華妻　陸氏成忠淇妻　戚氏庠生黄起鵬妻
馮氏魏兆榮妻　葉氏陳汝成妻　張氏王岷源妻
孫氏王化源妻　馮氏劉乙然妻
王氏布政使經歷銜劉保申妻　葉氏劉國臣妻
陳氏劉聖德妻　周氏劉吉生繼妻
徐氏王芝齡妻　賈氏趙登雲妻　趙氏劉清煦妻
章氏朱君正妻　鍾氏錢寅元妻　徐氏庠生錢維馨妻
章氏沈錦惠妻　馮氏杜鶴棲妻　朱氏李鴻奎妻
何氏庠貢生顧懋繼妻○已上光緒閒旌○據採訪
茅氏李維正妻　葛氏徐乾亨妻　陳氏庠生章應楨妻
顧氏廩生章彭妻　倪氏監生章斐妻
謝氏監生章太儒繼妻　符氏章之源妻
葉氏武舉章之浩妻　周氏錢涌德妻
倪氏陳世均妻　馮氏陳經禮妻　竺氏庠生陳龍官妻

金氏陳詩經妻
范氏陳瀛占妻
周氏監生陳宏敷妻
趙氏陳星耀妻
祝氏陳文進妻
劉氏八品銜陳津妻
葉氏陳式銀妻
沈氏陳二祈妻
鄭氏陳昇妻
陸氏陳應鵲妻
杜氏陳恆妻
張氏南豐縣知縣陳澐妻
張氏陳澐妾
唐氏金耀曾妻
李氏庠生金榜妻
孫氏金銓妻
媳孫氏天祚妻
王氏張若棓妻
唐氏張煥妾
王氏張文蒸妻
趙氏張文焴妻
徐氏張文焯妻
孫氏張可學妻
何氏張峻德妻
茅氏張開列妻
陳氏張楚堂妻
顏氏張應緯妻
石氏張首寅妻
徐氏羅鶴飛妻
成氏羅文思妻
陳氏羅克仁妻
袁氏羅敦禮妻
倪氏羅公綺妻
汪氏羅文奎妻
施氏羅伯楨妻
媳王氏孝先妻
夏氏羅以治妻
蔣氏羅國器妻
章氏羅日榮繼妻
田氏羅宗圻妻
丁氏徐秉榮妻
李氏徐陞報妻
王氏徐福報妻
陳氏徐鳴鳳妻
趙氏監生徐玉床妻
經氏徐悅德妻
汪氏徐孝延妻
任氏監生王暻妻
黃氏王朝臣妻
潘氏王天祿妻
徐氏王致平妻

俞氏王克琛妻　董氏王克逵妻　高氏王有良妻
周氏李立方妻　魏氏馮心會妻　羅氏馮宗仁妻
周氏馮宗海妻　丁氏邵德興妻　王氏邵祉山妻
趙氏何宇清妻　陳氏何思兌妻　韓氏何衡十三妻
顧氏葉廷璋妻　丁氏葉光宇妻　萬氏朱維則妻
張氏朱日宣妻　夏氏丁斯新妻　王氏丁泰昌妻
唐氏孫駖妻　夏氏孫日林妻　管氏須連三妻
王氏須連元妻　糜氏鍾坤妻　王氏鍾煥妻
鍾氏顧承武妻　葛氏許文挺妻　錢氏許凌雲繼妻
余氏趙詩蘇妻　馬氏趙德陞妻　張氏宋天授繼妻
萬氏戴維化妻　王氏任作煌妻　鄧氏阮學孟妻
施氏連佩忠妻　周氏戚岐山妻　徐氏周東來妻
丁氏馬起兆妻　朱氏葛起雲妻　馮氏曹在田妻
胡氏林正三妻　張氏車翘妻
陳氏候補巡檢楊雅軒妻　周氏謝玉芳妻
黃氏梁杞妻　范氏監生竺均繼妻
徐氏俞茵妻　陳氏傅壯菴妻○已上　旌年未詳。
據採訪

右節婦

國朝 未旌

鍾孝女○據嘉慶志

錢大姑附貢生轂女年十七母病刲股療之不效母卒哀痛欲絕後適山陰徐慶行

金女父早喪年十七母病革刲股和藥以進病遂瘳後歸季鑑堂○已上據沈奎補稿

趙女貢生呂英女父病劇刲股療之得愈後歸姚步山父又病偕壻來省復刲股以療病又愈

盧女炳春女母病劇刲左股以進後歸王心臧

陳鳳姐方南女母馮多疾鳳姐竭誠調護兩刲股以療之後歸王氏年三十卒○已上據採訪

右孝女

夏有姑字朱忠發未嫁同治壬戌賊逼污不從以鎗斃之

丁二姑尚志女同治壬戌遇賊奪賊刀自刎死

錢福姑廷楨女矢志不嫁同治壬戌被執不屈死年三十二○已上據採訪

右烈女

李五姑進士祥麟女字山陰任氏未納采而任亡姑年纔十四即以大義自誓養父母終其身○據嘉慶志

吳朝雲世澤女康熙間人少失怙恃事虞林氏爲義母侍奉終身○據備稿

張大姑揆肅女康熙間人字葛氏婿殤不再字年七十三卒

倪和錢必美妻姚氏婢也矢志不嫁姚氏卒即託迹佛菴誦經茹素以終其身

李女鼎元女字會稽邵其楠其楠歿矢志不字奉母以居母歿後歸邵守節

余三寶泉源女未嫁夫卒矢志不再字卒年四十

章小姑頡孝女　王八姑必忠女　丁四姑乾來女

夏大姑企鎔女　陳六姑監生監周女

劉多姑附貢生蘭言女

丐戶陳五姑萬國女字戈氏戈被賊虜無音耗父母欲改字姑矢志不再孝養終身○已上據採訪

右貞女

顧氏陳嵩樹妻事翁姑至孝○據乾隆府志

陳氏田宗道妻姑病瘋宛轉牀褥飲食溲便不能自動氏不避腥穢服勤者十餘年○據嘉慶志

賈氏王景祚妻年二十一歸景祚甫三月翁病氏刲股以進

陳氏謝儒剛妻姑暴病氏割股以療不瘳氏終不言後孫子友爵見其創痕始悉其事○已上據沈奎補稿

周氏錢師聰妻事姑盡孝姑疾革焚香禱神刲股以療姑疾遂瘳

徐氏劉丙也妻姑病百計求禱無效乃刲股以進病竟愈

葉氏徐錫介妻姑病刲股以進

王氏張汝庚妻事翁姑孝○已上據採訪

右孝婦

覃郵婦失其姓氏從夫乞於江上夫有異志義不忍辱而死王登墉有覃郵婦絕命辭○據沈奎補稿

胡氏王星三妻道光十三年六月初二日星三卒氏撫棺哀慟晝夜不絕聲族有利氏嫁者諷姑使主其事姑惑之氏聞大驚泣不食數日遂於是月三十日死年二十五

章氏陳正理妻錢塘人理業於杭因贅焉杭城陷氏抱兒赴水死

徐氏謝聲先妻隨夫寄居漢口咸豐辛酉被掠投漢江死

陳氏夏心如妻年二十六夫故守節咸豐辛酉死於賊年六十六

孫氏朱承五繼妻夫故守節咸豐辛酉遇賊不屈死年四十一

趙氏張賢再妻再卒子甫二歲氏矢志撫孤孀居者八年辛酉之變爲賊所迫知不免投村前黄小浦溺死年三十二

葉氏庠生錢秀升妻咸豐辛酉聞賊至服毒而死年七十二

邵氏曹洪泉妻咸豐辛酉賊陷虞氏匿皁李湖叢葦閒爲賊所逼竄湖中賊不得近以矛刺之遂中矛死年三十三

周氏夏雨錦妻年十六歸夏是年冬遭粤寇亂執氏欲污之氏投水賊撈取之又不從被洋鎗轟死

閭人氏從九品陳九峰妻咸豐辛酉賊入村獲氏欲挾以行氏不從挈九歲女投池死年三十一

黃氏陳蔭喬妻咸豐辛酉遇賊牽之去不行賊殺之

黃氏陳文傳妻咸豐辛酉聞賊至以利剪刺項死

韓氏姚華林妻蔡宅村人華林死遺子二氏苦節四十年同治壬戌村人集衆拒賊賊怒屠其村氏亦遇害

胡氏吳潮妻潮死苦志守節賊入境懼不免躍入池死

葛氏車國華妻守節撫孤後遇賊投河死

鄭氏戚光鑑妻夫故守節同治壬戌遇賊被害

程氏王乘麒妻同治壬戌賊焚其廬并投氏於火中遂焚死年六十四

錢氏陳勉齋繼妻同治壬戌避賊於二都山中賊見之搜索財物氏痛駡遂遇害年六十三

周氏馮慶元妻同治壬戌夫爲團勇氏亦隨之擊賊與夫相失遂自盡年三十六

戚氏朱韶樂妻同治壬戌賊逼不從時懷孕已七八月賊以磨壓之并剖其腹死年三十七

沈氏丁月正妻同治壬戌賊犯之大罵脅以刄罵更烈遂被殺

錢氏陳聖祐妻　葉氏張君望妻　陳氏監生朱明陽妻

呂氏張朝進妻　管氏姚秉範妻　萬氏監生許行三妻

余氏馮朝忠妻　吳氏方耀初妻　姚氏丁克交妻

劉氏朱康哉妻　陳氏馬繼孝妻　邵氏顧開基妻

沈氏曹連坤妻　朱氏葉開封妻　高氏朱紹祥妻

朱氏姚沛然妻　袁氏項士賁妻　俞氏廩生丁磻妻

徐氏馮伯用妻　陳氏馮廷元妻　黃氏職員錢恭壽妻

阮氏朱元志妻　厲氏王賡明妻　趙氏鍾美久妻

陳氏王蘭啟妻　陳氏王夢齡妻　徐氏王成妻

錢氏陳新建妻　項氏平遠縣知縣陳泰繼妻

張氏姚忠錦母　黃氏章惠妻　張氏甄士英繼妻

應氏趙大春妻　朱氏鍾增瑞妻　周氏潘乾元繼妻

鄭氏姚錦美妻○俱咸同閒殉難

呂氏沈咸坤妻咸坤卒沈年四十五無子越二十七日夜半仰藥死時光緒十五年四月也

徐氏田畹生妾直隸人畹生病劇氏刲股以進及卒遂身殉焉年三十

丐戶葉氏許景春妻咸豐辛酉遇賊不辱自刎死

丐戶陳氏施朝仁妻同治壬戌駡賊見殺年八十二

丐戶曹氏施興衍妻同治壬戌賊逼不從死○已上據採訪

右烈婦

王氏曹夢科妻　萬氏監生張潮妻

周氏陳魯直妻　陳氏俞必發妻　吳氏庠生夏起鳳妻

蔣氏杜坦妻　嚴氏朱太潤妻　陶氏庠生夏鼎元妻

王氏盧始學妻　馮氏監生張元銓繼妻

陳氏李慎修妻　陸氏郡庠生陳燮妻

陳氏石作霖妻　厲氏呂安國妻　戴氏陳師閔妻

羅氏徐嘉模妻　曾氏徐國相妻　羅氏監生陳贊廷妻
金氏鍾允文妻　陳氏劉三畏妻　鄭氏庠生陳黼廷妻
王氏成清彥妻　沈氏盧逵及妻　朱氏庠生陳揚廷妻
陳氏龔興仁妻　羅氏金如升妻　王氏職員黃光侯妻
胡氏王躬信妻　范氏許自成妻　蔣氏李完赤繼妻
范氏許宜立妻　丁氏朱攸文妻　范氏蔣紹翰妻
陳氏李汝塏妻　石氏李萬年妻　李氏陸逢春妻
葛氏周光祖妻　杜氏周桓卿妻　陳氏趙德明妻
張氏王承福妻　馬氏王聖榮妻　金氏王聖祥妻
丁氏周廷高妻　徐氏周希旦妻　龔氏周貴一妻
任氏周肇成妻　經氏周作仁妻　龔氏周邦翰妻
陸氏周士淵妻　黎氏周宏仁妻　章氏鄭學超妻
陳氏鄭兆溟妻　陳氏張允孝妻　謝氏王開基妻
陸氏陳聖玉妻　羅氏夏廣平妻　金氏夏國良妻
嚴氏夏采芝妻　李氏陳朝楠妻　陶氏陳聲鉉妻
金氏陳章三妻　潘氏鍾皆慎妻　金氏何文全妻
陸氏陳來妻　顧氏陳周範妻　沈氏職員陳廷佐妻
朱氏陳德峻妻　鍾氏陳明德妻　林氏俞周範妻

陳氏俞文昇妻　媳陳氏秉銘妻　孫媳何氏陳淥妻
謝氏何眘中妻　趙氏何敏中妻　沈氏何利川妻
董氏何國卿妻　陳氏呂光照妻　陳氏朱人榮妻
李氏俞世昌妻　黃氏俞若潢妻　黃氏范肇干妻
趙氏倪邦燮妻　葛氏成麟璧妻　王氏監生章藩妻
龔氏賈岐山妻　黃氏黎雲露妻　張氏監生車鳳岐妻
華氏沈章然妻　陳氏沈公寶妻　丁氏周雲千妻
金氏盧允再妻　謝氏葉藩侯妻　曹氏嚴永祿妻
賈氏孫元宰妻　陳氏董秀傳妻　丁氏竺應昭妻
葉氏顏成業妻　金氏顏廷佐妻　陸氏庠生顏巨瑋妻
郭氏潘上智妻　顧氏潘馭天妻　董氏成名位妻
陳氏王兆茂妻　錢氏王九思妻　胡氏王錫侯妻
丁氏李成棟妻年二十四寡奉舅姑孝姑病刲股以療撫孤成立卒年六十三
王氏祝惠時妻　王氏董廷秀妻　葉氏董明典妻
王氏董明亮妻　沈氏錢文采妻　蔣氏錢允臧妻
趙氏潘雨亭妻　錢氏石志道妻　沈氏張紀武妻
潘氏蔣宰臣妻　王氏朱鵬德妻　汪氏趙文德繼妻

沈氏李師惠妻○沈奎補稿年二十九而寡採薪撫孤艱
苦備歷

朱氏顧秉衡妻　胡氏陸南𥂕妻　王氏陸經國繼妻
李氏張庭側妻　田氏陸本南妻　潘氏田成樂妻
陳氏田承緒妻　賈氏陸韶章妻　丁氏張鶴年妻
邵氏李孔麟妻　夏氏李興周妻　王氏李如垣妻
薛氏張子熙妻　杜氏周五典妻　陳氏田臧妻
曹氏張家龍妻年二十一夫故矢志苦守翁患瘋疾臥牀
　褥六載曹醫藥罔倦情劇封股迄不效喪葬悉如禮
潘氏周邦藩妻　金氏李文炳妻　楊氏方藴玉妻
賈氏周皞昌妻　魏氏方北喬妻　沈氏張東華妻
顧氏田耕妻　賈氏田庚妻　周氏方宏裕妻
嚴氏張汝階妻　胡氏田應魁妻　鄭氏方雍昌妻
許氏石煥章妻　吳氏職員田玉泉繼妻
俞氏張德剛妻　陳氏張應復妻　丁氏石文炳妻
沈氏張賀五妻　曹氏石省三妻　潘氏張毓秀妻
羅氏張日六妻　王氏趙祖法妻　曹氏趙福岳妻
陳氏王祖本妻　顧氏王巨昌妻　金氏王啟豐妻

陳氏王世芳妻　謝氏羅麟瑞妻　陳氏羅天七妻
陳氏羅鴻度妻　媳陳氏廷獻妻　姪媳史氏廷栻妻
呂氏王永清妻　徐氏王善達妻　賈氏庠生趙從儉妻
王氏趙廷珍妻　徐氏王子瑞妻　田氏趙見善妻
李氏趙邦典妻　陳氏趙大化妻　張氏王德功妻
徐氏周允恭妻　朱氏趙有岐妻　童氏周朝陽妻
楊氏羅豐吉妻　賈氏趙倫如妻　孫氏羅大綱妻
徐氏羅鼎妻　金氏趙子賢妻　金氏鄭漢公妻
夏氏羅培源妻　林氏徐一簣妻　羅氏庠生趙公載妻
田氏徐重光妻　胡氏徐誠侯妻　范氏庠生徐僎妻
鄭氏羅增翼妻　吳氏趙景恩妻　羅氏曹鍾妻
章氏徐洪源妻　徐氏夏璜妻　陳氏徐泓祖繼妻
倪氏王育萬妻　張氏陳會緒妻　戚氏王成翰妻
徐氏王贊元妻　盛氏王元中妻　劉氏監生徐梅妻
陳氏徐周禎妻　王氏徐恩思妻　葛氏曹甘來妻
章氏曹厚曾妻　陳氏曹孝裔妻　趙氏王積榮妻
任氏王殿翰妻　金氏王爾顯妻　俞氏曹尹妻
趙氏曹聞詩妻　王氏曹周輔妻　趙氏曹思任妻

王氏徐國本妻　嚴氏徐熙左妻　王氏庠生徐繩左妻
夏氏徐增魁妻　謝氏徐世幾妻　嚴氏徐允文妻
吳氏曹溥一妻　陳氏王德維妻　陳氏庠生徐震妻
章氏曹光祖妻　馮氏王存義妻　章氏徐大綸妻
謝氏王肯堂妻　沈氏徐大綬妻　邵氏曹球一妻
賈氏王紹緒妻　鄧氏徐愼思妻　陶氏曹恭益妻
俞氏王廷璐妻　葉氏徐允仁妻　何氏監生徐濟川妻
郭氏徐漢昌妻　田氏袁鳳鳴妻　張氏徐世道妻
陶氏庠生徐允元妻徐氏譜早寡事舅姑孝繼子芳會又
卒與媳煢居撫孤孫成立
胡氏夏大經妻　李氏徐廷翊妻　應氏徐端卿妻
駱氏曹直一妻　田氏徐寅彬妻　嚴氏徐時中妻
宋氏曹允吉妻　董氏徐晉昭妻　丁氏徐洪茂妻
郁氏徐錫圭妻　陳氏徐大文妻　蔣氏陳吉人妻
陳氏鍾星文妻　王氏陳聖綱妻　潘氏夏大陞妻
胡氏鍾大本妻　高氏陳天木妻　李氏謝遠公繼妻
李氏鍾文秀妻　徐氏陳大德妻　丁氏鍾尚祿妻
霍氏謝志文妻　聞氏謝言倫妻　孫氏陳大千妻

任氏陳成全妻　胡氏謝友韓妻　杜氏陳建周妻
呂氏陳子閑妻　王氏謝瑚妻　黃氏陳愈燦妻
陸氏陳濟川妻　田氏陳霞章妻　許氏庠生陳錫範妻
潘氏陳如楷妻　羅氏陳如彬妻　孟氏陳如松妻
張氏陳廷美妻　陸氏巡檢謝士蛟繼妻
何氏謝承寵妻　呂氏陳大造妻　秦氏呂宸惠妻
鍾氏陳某妻　沈氏呂周篆妻　趙氏呂曾存妻
何氏謝麟妻　許氏陳其述妻　趙氏呂允文妻
貝氏呂君銘妻　田氏陳漁妻　金氏陳思宗妻
謝氏陳尊五妻　邱氏呂紹昌妻　周氏陳望昌妻
黃氏呂鶴立妻　趙氏呂德彩妻　夏氏陳宏業妻
任氏陳牧之妻　金氏陳世忠妻　宋氏呂思位妻
徐氏葛瑞龍妻　王氏金士貴妻　朱氏陳元士妻
徐氏陳際辰妻　唐氏丁駿繼妻　成氏俞廷瑞妻
婁氏朱殿章妻　桑氏陳文秀妻　倪氏陳施濟妻
王氏謝繼端妻　媳何氏榮先妻　龔氏鍾祖賢妻
潘氏俞國豪妻　陳氏朱冠周妻　李氏朱大茂妻
楊氏陳商頌妻　趙氏陳純忠妻　陳氏徐大鵬妻

俞氏郭之森妻　許氏朱宏茂妻　丁氏劉學信妻
張氏陳如賢妻　嚴氏俞聖植妻　徐氏俞萬歡繼妻
羅氏俞睿照妻　張氏朱邦華妻　田氏倪玉岑妻
杜氏劉士勝妻　陸氏朱國贊妻　於氏俞士昂妻
陳氏倪景周妻　徐氏馮克倫妻　陳氏倪貺妻
羅氏倪士龍妻　孫氏朱朝聘妻　黎氏朱時中妻
謝氏倪宗美妻　徐氏朱見章妻　陸氏鄭鎬十二妻
謝氏朱敏修妻　陳氏任文星妻　謝氏倪成志妻
石氏馮聖時妻　朱氏郭文采妻　王氏任顯達妻
黃氏倪承恕妻　夏氏倪成南妻　沈氏朱忠四妻
任氏史在龍妻　陳氏郭光祖妻　祝氏經學禮妻
徐氏經艮佐妻　徐氏經子生妻　車氏范充吾妻
董氏唐尚志妻　陳氏龔世法妻　李氏唐禹甸妻
陳氏龔邦美妻　王氏車華彬妻　章氏唐朝翰妻
朱氏章萬化妻　陳氏車識南妻　范氏唐萬方妻
陳氏龔敬臣妻　韓氏沈韶舞妻　鄭氏龔聖千妻
顧氏嚴開周妻　徐氏唐廣生妻　王氏沈承業妻
趙氏嚴輝遠妻　鄭氏顧志高妻　袁氏唐殿衛妻

嚴氏沈維茂妻　陸氏嚴永昌妻　鄭氏嚴廷輝妻
周氏盧可達妻　茹氏嚴必名妻　徐氏錢象參妻
張氏葉天佑妻　石氏賈元選妻　朱氏潘學禮妻
陳氏嚴松鶴妻　任氏金德修妻　趙氏高元宰妻
羅氏錢祖德妻　王氏余濟川妻　馬氏葉鳴羽繼妻
徐氏金世盛妻　俞氏陸禹封妻　曹氏嚴承嘉妻
張氏錢維岳妻　丁氏高漢良妻　顧氏余友諒妻
王氏董明良妻　郭氏韓魯泉妻　潘氏金日彩妻
孫氏賈煌妻　張氏余維城妻　葉氏祝士發妾
嚴氏孫元瑞妻　陳氏竺宗海妻　朱氏陶元瑞妻
章氏連國榮妻　成氏楊景山妻　丁氏魏松貴妻
茅氏賈蓋臣妻　潘氏阮景孟妻　王氏茅承祖妻
王氏潘重豪妻　王氏潘秉銓妻　賀氏許元惠妻
王氏李士先妻　梅氏李清德妻　柯氏李錫麟妻
姚氏王明達妻　華氏周敬嚴妻　王氏周成書妻
徐氏趙思元妻，年二十六，思元歿，孝事翁，翁病，刲股調藥愈之，撫遺孤成立。
余氏趙鼎成妻　張氏周明書妻　朱氏庠生王家炎妻

周氏徐元福妻　趙氏羅大雅妻　石氏陳玉書妻
張氏陳鳳鳴妻　俞氏陳德章妻　張氏陳三元妻
丁氏陳三杰妻　徐氏陳紹平妻　宋氏謝思郎妻
陳氏劉景芳妻　邵氏謝成仁妻　趙氏庠生任思統妻
周氏謝啟光妻　胡氏陳禮川妻　石氏任志誠妻
金氏任立本妻　孫氏俞思則妻　汪氏謝連元妻
陳氏鍾操五妻　張氏俞思倫妻　虞氏庠生范麟章妻
王氏黎克成妻　田氏陳君榮妻　茹氏陳晏如妻
馬氏丁如桂妻　張氏姚大方妻　朱氏倪允中妻
吳氏黎雲燦妻　葉氏唐學洙妻　顧氏龔朝端妻
倪氏龔朝皇妻　李氏宋松茂妻　許氏杭正聖妻
季氏陸鍾閒妻　呂氏胡鉏妻　余氏胡繪妻
徐氏金耀如妻　王氏張廷蘭妻　孫氏職員陳銑妻
丁氏陳孔璋妻　杭氏章陶賡妻　徐氏孫雲龍妻
葛氏馬俊妻　任氏錢士陸妻　張氏庠生趙之鼎妻
張氏徐會侯妻　王氏謝國輔妻　夏氏許士良妻
陸氏沈三周妻　媳羅氏成德妻　董氏王采芹妻
呂氏丁世傑妻　胡氏陳植豐妻　趙氏俞繩武妻

余氏徐有年妻　孟氏嚴宗麟妻　王氏呂叔恆妻
蔣氏趙大本妻　賈氏謝世珍妻　顧氏謝二桂妻
葉氏張可使妻　茹氏顧瑛玉妻　沈氏張擎石妻
趙氏葛同繹妻　徐氏曹德天妻　項氏庠生陳籌增妻
胡氏徐若伊妻　黃氏謝廷輔妻　沈氏陳其宗妻
胡氏謝德樞妻　戚氏張克昌妻　郭氏潘廷卿妻
沈氏徐績妻　丁氏徐邁周妻　周氏庠生徐元玫妻
葛氏丁宗翰妻　曹氏庠生徐自信繼妻
陸氏方廷臣繼妻乾隆府志年十九夫死於虎守節五十七年艱苦備嘗事姑尤孝
謝氏徐若曾妻　王氏謝以仁妻　顧氏陳習禮妻
孫氏陳名卿妻　婁氏丁靜芝妻　趙氏陳兆炎妻
朱氏范鴻仁妻乾隆府志早寡家奇貧母欲奪其志撫孤誓守至茹草充饑　戴氏陳師閔妻
吳氏魏時沛妻　錢氏戚因武妻　杜氏庠生陳赤爲妻
李氏章御天妻　沈氏朱宗四妻　王氏葉文裕妻
鄭氏丁登庸妻　沈氏章夔妻　沈氏庠生徐鶴翔妻
俞氏陳朝佐妻　曹氏章子文妻　孫氏陳伯源妻

呂氏王聖泉妻　張氏王善德妻　陳氏趙復嶸妻
經氏俞櫺妻　魏氏陳贊侯妻　戚氏錢殿卿繼妻
陳氏郡庠生賈焜妻年十四母病刲股得痊二十四寡守
節五十餘年
丁氏葛虎卿妻　陳氏葛虛中妻　媳胡氏漢章妻
徐氏葛汝佑妻　陳氏任玉炎妻　賈氏田維友繼妻
宋氏謝啟人妻　孫氏徐濟妻　徐氏庠生張櫟妻
丁氏呂周輔妻　龔氏杜兆彪妻　田氏監生羅垂雲妻
王氏丁秉元妻　沈氏石瑞宇妻　胡氏陳德元妻
李氏戴耀宗妻　宋氏劉士玉妻　徐氏趙汝公繼妻
趙氏羅廷璵妻乾隆府志年二十三適羅數月廷璵客山
左死舅姑令改適氏輒投繯乃已繼姪爲嗣
葛氏徐顯之妻　王氏陳士達妻　夏氏任君佩妻
曹氏萬鳳幹妻　車氏任元禮妻　葉氏石廣大妻
孫氏徐濟川妻　徐氏呂正顯妻　厲氏吳應昌妻
葉氏丁殿鍾妻　田氏徐久元妻　胡氏葉瑞鳳妻
朱氏呂繩萊妻　倪氏陳國傳妻　徐氏錢殿鑑妻
陳氏丁通謳妻　陶氏王繩武妻　王氏陳大忠妻

陳氏趙必祿妻　沈氏趙友蘭妻　鄭氏呂景彬妻
顧氏陳文榮妻　陸氏陳遜修妻　方氏葉聖傳妻
厲氏吳師旦妻乾隆府志年十九寡子甫一齡紡績奉瞽姑里內諸惡少覬覦之氏即奉姑與子移就父家
楊氏馬增妻　陳氏姚德峻妻　余氏董國盛妻
沈氏田家修妻　吳氏李維岳妻　王氏陳悅輝妻
張氏王汝杏妻　阮氏石文宰妻　陳氏許嘉發妻
胡氏袁芝茂妻　陸氏袁武英妻　王氏李汝培妻
郭氏張榮宗妻　夏氏許文定妻　金氏丁長德妻
葉氏丁爾賡妻　朱氏丁日貴妻　蔣氏羅世貞妻
陳氏沈廷瀚妻　陶氏章九賡妻　葉氏陳聚源妻
張氏王開六妻　徐氏陳金殿妻　何氏張尚臣妻
李氏徐連科妻　史氏陳文安妻　陳氏嚴鴻炎妻
王氏俞某妻　楊氏俞璧文妻　朱氏王介伊妻
俞氏丁聲揚妻　王氏張枝繁妻　朱氏周岳方妻
羅氏潘紹箕妻　黃氏王明妻　朱氏王天祈繼妻
趙氏任世範妻　任氏鍾子麟妻　任氏史靖節妻
胡氏王民豐妻　陳氏王世卿妻　羅氏王憲公妾

孫氏謝如海妻　李氏王如日妻　華氏周成祚妻
羅氏王敬文妻　戚氏王敬和妻　王氏陳芳林妻
施氏王學增妻　章氏丁元臣妻　施氏嚴懽妻
王氏潘廷臣妻　馮氏潘廷爵妻　陳氏杜世英妻
梁氏張善能妻　張氏王如楝妻　徐氏監生杜學濱妻
趙氏杜冠三妻　陸氏杜宗海妻　丁氏劉允發妻
何氏石孟康妻　鍾氏徐祥貴妻　金氏陳緦宗妻
張氏陳天敘妻　陳氏徐際辰妻　周氏陸國鈞繼妻
夏氏祝開文妻　徐氏陳宗興妻　孫氏徐公納妻
賈氏陳步山妻　葉氏陳某妻　王氏丁大明妻○已

上據嘉慶志

王氏徐廷獻妻　陳氏徐煊妻　龔氏徐允熙繼妻
章氏顧攀龍妻　謝氏顧人龍妻　呂氏趙贊元妻
媳史氏挺六妻　金氏趙子賢妻　羅氏庠生趙貽穀妻
黎氏趙峒妻　蔣氏李中妻　潘氏監生李治妻
陳氏李如桃妻　金氏李必達妻　蔣氏李葉妻
丁氏李標妻　媳鄭氏鳴玉妻　金氏李遇泰繼妻
媳陳氏仁德妻　張氏李王恩妻　田氏李培德妻

朱氏趙安妻　倪氏趙敬文妻　陳氏趙沐十八妻
陳氏鄭鈞妻　徐氏鄭履占妻　林氏鄭禹鳳妻
陳氏鄭瑞龍妻　包氏鄭君達妻　丁氏鄭天因妻
丁氏鄭文鑣妻　林氏趙景範妻　馮氏趙德彰繼妻
洪氏趙文英妻　張氏趙申佑妾　孫氏趙軼羣妻
錢氏趙思位妻　陳氏沈標妻　謝氏顧達吉妻
劉氏姚仲麟妻年二十而寡無子事翁姑盡禮翁歿與姑同寢處勤女紅足不下樓卒年四十
陸氏倪運鑣妻　江氏朱崗司巡檢倪鳳妻
梁氏倪鎮一妻　胡氏職員謝憲祁繼妻
方氏趙君升妻　王氏趙愉庭妻　曹氏庠生萬年清妻
邵氏謝錫豹妻　孫氏謝子俊妻　陳氏謝秀文妻
趙氏謝心一妻　媳金氏則天妻　何氏俞京十妻
顧氏俞坤八妻　朱氏庠生俞天瑞繼妻
沈氏謝鎰清妾　陳氏謝章五妻　祝氏謝復臣妻
何氏謝顯能妻　馮氏謝顯武妻　王氏監生謝廷桂妻
李氏謝汝英妻　何氏謝公源妻　倪氏謝宏度妻
陳氏謝士煒妻　王氏謝宏道妻　蔡氏謝國選妻

田氏謝如彬妻　宋氏袁子充妻　徐氏袁天秩妻
朱氏袁茂傑妻　謝氏袁作霖妻　謝氏虞生范正繼妻
鄭氏沈柱妻　沈氏王大英妻　楊氏王宗美妻
李氏羅世祿妻　陳氏俞介藩妻　余氏俞紹成妻
趙氏俞咸如妻　葉氏俞法二妻　何氏陳壎妻
周氏顧晉盛妻　陳氏顧宏才妻　楊氏顧宗本妻
王氏顧鼎和妻　金氏顧士驥妻　陳氏顧珍妻
沈氏德平縣尉俞彬二妻彬二甫獲選卒於京氏往京扶櫬歸守節無子
李氏庠生俞觀國繼妻年二十寡矢志守節姑病刲股以療者再
潘氏俞卞龍妻　陳氏俞大造妻　陳氏俞大緒妻
陳氏俞漢妻　朱氏俞秉鑛妻　倪氏佾生俞必津妻
王氏俞桂芳妻　朱氏俞傑三妻　徐氏范奇英妻
謝氏田國涵妻　謝氏田於禮妻　孫氏田時宜繼妻
詹氏倪運籌妻　沈氏謝昌運妻　胡氏庠生石思齊妻
宣氏陳紹經妻　經氏俞喬年妻　陳氏楊永昌妻
謝氏王學達妻　謝氏陸方頤妻　謝氏陸繼宗妻

章氏陸邦珍妻　媳陳氏學賢妻　夏氏呂某妻登魁母
羅氏桑炳如妻　陳氏陸學詩妻　徐氏監生賈學茂妻
沈氏田方庠妻　杭氏陳昜皇妻　何氏陳應龍妻
陳氏曹禹侯妻　何氏顧如瀾妻　謝氏朱藻妻
范氏吳志堯妻　陸氏王繼安妻　邱氏金殿文妻
楊氏方世成妻　金氏嚴服周妻　丁氏杜霽亭妻
劉氏車宏千妻　媳汪氏扶九妻　何氏耀先妻
王氏車維周妻　葉氏車與瑞妻　謝氏車心浩妻
趙氏宋孝妻　潘氏宋國楚妻　俞氏謝宏禮妻
李氏謝紹安妻　顧氏謝紹正妻　何氏顧如陵妻
陳氏張文炳妻　徐氏王邦棨妻　陳氏王元校繼妻
曹氏張登高妻　朱氏賈裕昌妻　顧氏楊某妻應聘女
陳氏杜鉞妻　謝氏宋旭初妻　沈氏陳珥妻
田氏羅家旦妻　田氏陸孝昌妻　宋氏陸振名妻
宋氏陸秉貞妻　謝氏羅安道妻　謝氏陳書經妻
謝氏張嘉懋妻　錢氏王如山妻　劉氏邵萬鍾妾
沈氏王懷仁妻　宋氏王存眞妻　金氏陳濟川妻
俞氏陸斐章妻　倪氏陸美章妻　章氏陳如崚妻

金氏桑廷發妻　蒲氏張周行妻　章氏張承坤妻
顧氏張周範妻　沈氏王學尙妻　金氏朱德峻妻
王氏朱錫嘉妻　陳氏何致中妻　黃氏陳學貞妻、
竺氏梁國民妻　俞氏吳某妻　梁氏知州顧大年妻
曹氏張登臯妻　顧氏茹佩千妻　趙氏嚴栻妻
李氏嚴萃妻　潘氏嚴秉和妻　王氏林孔安妻
胡氏倪堃妻餘姚人舉人胡壆女年二十七守節事繼姑
孝姑歿捐衣珥以葬
朱氏顧夢舟妻　夏氏章玉書妻　陳氏章啟剛妻
陳氏貝奕如妻　顧氏陳礽方妻　陸氏陳壎妻
陳氏龔志燦妻　戚氏朱位南妻　徐氏朱志華妻
唐氏宋必榮妻　董氏吳維城妻　岑氏車砥中妻
朱氏周艮才妻　章氏韓維貞妻　夏氏范啟東妻
夏氏陳元益妻　張氏趙元英妻　黃氏庠生趙一新妻
謝氏趙宏芳妻○已上據沈奎補稿
徐氏劉思齊妻　許氏劉允杰妻○已上據備稿
羅氏陳志學妻　吳氏陳天保妻　鍾氏丁大化妻
王氏丁英發妻　陳氏丁浩妻　盧氏李維城妻○已

上順治閒人據採訪○案新增未　旌節婦悉以生年爲次其無年歲可據者附之簡末仍俟考訂

杜氏李辰妻　杜氏李式文妻　王氏趙景純妻
呂氏姚廷宰妻　沈氏王倫先妻　陳氏丁世賢妻
王氏阮宗謽妻　徐氏車克昌妻　胡氏王廷顯妻
任氏金天爵妻　陳氏王鼎高妻　王氏連殿揚妻
黃氏徐期元妻○已上康熙閒人據採訪
許氏徐期遷妻　夏氏馬子千妻　陳氏王茂玿妻○已上雍正閒人據採訪
趙氏杜冠周妻　朱氏車瑞昌妻　謝氏陳雲衢繼妻
董氏俞森妻少嫠子弱小家多外侮氏輒忍受數出資粟周恤之人稱賢淑卒年七十有四
王氏李殿相妻　金氏李南塘妻　魏氏吳廷侯妻
金氏章震宗妻　厲氏謝俊良妻　朱氏沈邦勳妻
陸氏丁天保妻　陳氏王廷槐妻　張氏李渭彪妻
馬氏章立言妻　俞氏顧樹槐妻　潘氏增生錢景嵩妻
王氏朱大邦妻　媳趙氏福初妻　馮氏許長安妻
經氏金如相妻　王氏章大占妻　徐氏馮于皋妻

黃氏張學全妻　媳陳氏秉輿妻　鄭氏監生陳煥妾
夏氏許成德妻　孫氏葉南喬妻　華氏趙光宗妻
張氏陳文泳妻　顧氏羅承永妻　鄭氏張雲青繼妻
黃氏陳墠妻　徐氏李樒妻　某氏沈可銘妻
顏氏丁應可妻　朱氏錢君聘妻　馮氏任應榮妻
張氏許岳貞妻　黃氏林士誥妻　陳氏厲思增妻
黃氏馬環妻　茅氏谷連陞妻　王氏李天鳳妻
許氏姚協球妻　馮氏任宇貿妻　劉氏李明達妻
俞氏李其昌妻　呂氏李金梶妻　田氏李清渠妻
孫氏經志高妻　程氏蔣日秀妻　宋氏林景蘭妻
吳氏厲載行妻　鍾氏厲鳳鳴妻　吳氏經玉衡妻
丁氏董繼奎妻　戴氏章志逵妻　夏氏王安祥妻
邵氏陳福基妻　金氏李允新妻　李氏沈尊三妻
倪氏周艮棟妻　許氏貝敬南妻　孫氏杭三鳳妻
萬氏王愷嶸妻　陳氏章行之妻　朱氏何佩三繼妻
王氏章泰嘉妻　嚴氏羅濟飈妻　李氏陸宇祥妻
李氏陸麟祥妻　潘氏李克明妻　陸氏夏際泰繼妻
馮氏金德寶妻　馮氏俞景運妻　曹氏連爾奇妻

俞氏章祖貴妻　童氏羅公美妻　陳氏王永春妻
何氏沈高有妻　劉氏徐廷佐妻　李氏朱遠彰妻
鄭氏江光有妻　田氏羅林妻　何氏臧貝郭雲棟妻
夏氏李元球妻　陳氏任儒豐妻　倪氏盧孔麟妻
倪氏厲如林妻　梁氏厲啟周妻　葉氏劉錫麒妻
陳氏貝錫九妻　周氏盧德全妻　朱氏李治平妻
吳氏王夢賚妻　周氏林良宰妻　李氏鄭巨源妻
王氏鄭德芳妻　夏氏監生許際嵩繼妻○已上乾隆間人據採訪
賈氏杭南梁妻　媳李氏殿朝妻　林氏章德沛妻
媳孫氏益範妻　田氏章萬祥妻　媳田氏士恆妻
胡氏何廷遷妻　媳陳氏茂盛妻　倪氏顧樹海妻
媳王氏名祥妻○已上姑乾隆間人媳嘉慶間人據採訪
倪氏王啟賢妻　尹氏賈名山妻　楊氏邵禹功妻
郭氏李忠表妻　金氏李炯妻　陳氏俞太占妻
張氏夏天定妻　王氏吳文彩妻　金氏俞鑑堂繼妻
葉氏徐如源妻　張氏任聯奎妻　阮氏顧培先繼妻
陳氏厲學忠妻　陳氏姚起蛟妻　吳氏林東啟繼妻

陸氏嚴文英妻　謝氏范思安妻　俞氏陳開文妻
鄭氏李高明妻　陳氏高思尙妻　趙氏李一枚妻
陳氏李沅妻　陸氏林載春妻　朱氏周俊福妻
葉氏葛光容妻　王氏張允祿妻　李氏鄭遐年繼妻
徐氏謝世高妻　金氏黃煒繼妻　俞氏張應井妻
孫氏朱蒼巖妻　龔氏朱天眷妻　夏氏陳際會妻
王氏孫文雲妻　魏氏賈廷先妻　陳氏章德威妻
李氏葉心吉妻　傅氏葛立元妻　萬氏張大來妻
姚氏俞一全妻　孫氏高雲麟妻　王氏景天爲繼妻
王氏陸奎先妻　余氏李廷臣妻　賈氏厲學成妻
徐氏韓光照妻　陳氏王德增妻　俞氏經永祥妻
何氏陳御龍妻　張氏孫廷俊妻　顧氏章學周妻
沈氏李聖恆妻　謝氏監生錢貽穀繼妻
金氏謝文誠妾　吳氏監生王國欏繼妻
劉氏葛朝鑒妻　王氏舉人陳遇淸繼妻
陸氏賈景山妻　張氏朱懋常妻　胡氏許勝表妻
俞氏賈泰來妻　馮氏李長松妻　丁氏陳漢惠妻
朱氏傅金文妻　俞氏陳大釗妻　鄭氏林松靑妻

周氏陳日昇妻　萬氏錢庭葵妻　張氏陳鑛妻
李氏顧增魁妻　陳氏柴文光妻　戚氏張福增妻
丁氏馮時憲妻　王氏陳錫章妻　朱氏舉人俞賡颺妻
顧氏謝應文妻　茹氏王繼旦妾　陳氏姚福林繼妻
孫氏沈嘉香妻　鄭氏王芳妻　胡氏謝應麟妻
杭氏賈行驛妻　王氏張人傑妻　朱氏車琳繼妻
楊氏朱德和妻　車氏胡孔良妻　鍾氏張鳳山妻
唐氏車允揆妻　俞氏陳文奎妻　章氏鄭雲義妻
趙氏倪成孝妻　陳氏朱玢山妻　陳氏徐廷鈞妻
陸氏馬嘉梓妻　華氏鍾邦治妻　王氏范元洪妻
陸氏羅漢飛妻　邵氏羅漢雲妻　陳氏余維全妻
阮氏俞秉常妻　倪氏虞斯信妻　羅氏謝元文妻
俞氏徐冠唐妻　倪氏黃宗貴妻　鄭氏馬元昌繼妻
邱氏陳載揚妻　丁氏朱岳臯妻　陳氏俞純嘏繼妻
劉氏李鴻枏妻　顧氏柴學寶妻　丁氏陳學潮妻
王氏謝兆元妻　董氏黃星茂妻　俞氏高雲鳳妻
丁氏李春源妻　王氏陳瑞富妻　姚氏陳泉清妻
周氏張景義妻　陶氏鄭繼廷妻　王氏賈行範妻

閔氏王其章妻　顧氏監生潘濟昌妻
華氏曹升標妻　裴氏陳宇桂妻　朱氏陳若銓妻
陳氏杜永清妻　章氏陳懿敬妻　俞氏鍾登科妻
吳氏王堯春妻　丁氏王啟高妻　馮氏陳道遵繼妻
朱氏林鶴函妻　倪氏李永茂妻　周氏倪周林妻
柴氏曹析林妻　朱氏余光濟妻　顧氏監生魏大剛妻
傅氏黃朝宗妻　葉氏王永茂妻　錢氏謝卓元妻
俞氏谷茂堅妻　單氏石天沾妻　厲氏張尚治妻
俞氏鄭廷秀妻　陳氏柴之忠妻　李氏蔣華春妻
任氏丁奠山妻　曾氏朱德昇妻　陳氏徐潮林妻
姚氏陳桃連妻　朱氏顧萬盛妻　王氏潘福龍妻
虞氏夏紹粱妻　王氏夏紹橐妻　章氏夏紹裁妻
朱氏顧春芳妻　陳氏章兆奎妻　趙氏朱同益妻
丁氏徐雙林妻　王氏李佩金妻　華氏林安仁妻
王氏羅克孝妻　唐氏陳信元妻　陸氏沈祥麒妻
夏氏陸英位妻　袁氏陳鷺飛妻　鍾氏王峻山妻
徐氏程元利妻　陳氏庠生俞成孝妻
王氏徐廷貴妻　姚氏嚴孔懷妻　夏氏庠生陳芬妻

任氏呂聲律妻　王氏葉澧香妻　陳氏錢長恩妻
唐氏曹邦安妻　倪氏朱南江妻　朱氏監生何孔嘉妻
楊氏陸宰元妻　唐氏俞復初妻　周氏林日煦妻
陳氏鄭思韶妻　張氏沈汝安妻　朱氏章從周妻
李氏陸錫瑞妻　車氏何上慶妻　唐氏俞佳貴妻
錢氏鄭德運妻　任氏陳兆鴻妻　周氏張開勳妻
陳氏王增福妻　王氏章安保妻　韓氏沈尙相妻
倪氏陳向志妻　章氏徐天瑞妻　范氏朱林寶妻
萬氏范沛炯妻　田氏李汝有妻　胡氏厲佐順妻
丁氏韓駿發妻　嚴氏俞志淸妻　鍾氏馮時中妻
黃氏虞天佑妻　倪氏任聖友妻　葉氏嚴適均妻
胡氏章增貴妻　陳氏章鍾瑤妻　周氏施允成妻
沈氏丁鍾富妻　朱氏陳春正妻　任氏王慶榮繼妻
張氏王成龍妻　章氏胡發先妻　陳氏梁治國妻
胡氏任朝元妻　管氏張維孝妻　錢氏曹夢熊妻
王氏陳承天妻　張氏朱堯龍妻　朱氏陳日蛟繼妻
李氏徐景福妻　吳氏董世渭妻　鄭氏方均妻
王氏鍾登庸妻　朱氏丁光耀妻　謝氏何立表妻

潘氏楊克標妻　姚氏丁聖傳妻　陳氏諸葛枚臣妻
丁氏陳大琮妻　應氏陳國泰妻　陳氏賈望溪繼妻
王氏羅德保妻　王氏陳文明妻　沈氏俞周虞妻
陳氏丁增華妻　傅氏丁邦道妻　倪氏鍾嘉惠妻
張氏劉晉達妻　田氏王茂秀妻　董氏吳繼奎妻
石氏嚴惠蘭妻　葉氏陳永年妻　郎氏倪新德妻○已
上嘉慶間人據採訪
范氏莊三元妻　媳金氏登先妻　方氏任遇慶繼妻
媳俞氏萬豐妻　史氏許志能妻　媳鍾氏金水妻
金氏王春芳妻　媳金氏允生妻　趙氏朱林茂妻
媳陳氏金魚妻　王氏阮十一妻　媳李氏貴良繼妻
戴氏龔元英妻　媳柴氏如梅妻○已上姑嘉慶間人媳
道光間人據採訪
鍾氏丁運高妻　徐氏趙德新妻　諸葛氏車浩然妻
鄭氏王佩瑛妻　陳氏王宗顯妻　王氏任尚春妻
張氏嚴慶來妻　陶氏俞秉剛妻　陳氏夏國寶妻
馮氏陳兆元妻　張氏朱萬美妻　陳氏任起標繼妻
阮氏王滄陽妻　董氏周寶妻　朱氏潘其聲妻

羅氏王又清妻　王氏郭嘉臣妻　潘氏陳雲潮妻
羅氏管天祿妻　黄氏陳望山妻　丁氏王紹鎔繼妻
裴氏曹錦繡妻　徐氏嚴咸秀妻　楊氏姚咸和妻
傅氏馮維松妻　馬氏萬士蓮妻　賈氏李宗嶽妻
鄭氏葉佳美妻　任氏丁德友妻　嚴氏趙如珏繼妻
丁氏章宗泰妻　馮氏朱經明妻　茅氏賈鳴和妻
陳氏谷萬春妻　薛氏景漢章妻　張氏陳聚法妻
任氏唐福麋妻　夏氏布政使理問王邦獻妾
經氏夏東高妻　媳陳氏監生長裕繼妻
徐氏丁克邦妻　林氏庠貢生錢福恆妾
王氏徐元吉妻　何氏職員杜秉鈞繼妻
王氏謝運妻　朱氏巡檢王以愷繼妻
許氏徐嘉裕妻　馮氏庠生陳伯均繼妻
陸氏趙景山妻　何氏潘秀山妻　胡氏范作仁妻
丁氏王錫江妻　孫氏張金瑞妻　王氏石斯梅妻
胡氏田陽生妻　陳氏李錦妻　陳氏張麟書妻
金氏梁才妻　陳氏蔣來發妻　施氏趙學汶妻
葉氏嚴和元妻　阮氏李朝髦妻　趙氏章志文妻

羅氏張寶成妻
章氏朱慶章妻
謝氏車爭先妻
俞氏陳鶴汀妻
趙氏章志文妻
倪氏俞秉康妻
陸氏王平成妻
陳氏賈繼璜妻
陳氏沈增水妻
厲氏王文華妻
周氏馮日艮妻
趙氏陳葆艮妻
喻氏俞增元妻
王氏蔣作恆妻
趙氏章宇清妻
王氏許勝耀妻
葉氏葛長佑妻
葉氏何文貴妻

任氏王嘉元妻
趙氏王其書妻
王氏沈邦則妻
唐氏傅延卿妻
陳氏丁懋基妻
孫氏張兆宇妻
余氏楊周瑜妻
錢氏王壽泰妻
龔氏任金章妻
盧氏任履範妻
周氏錢英燦妻
馮氏葛維初妻
陶氏屠喬木妻
陳氏譚維信妻
陳氏章廷美妻
丁氏陳德縣妻
趙氏周高艮妻
林氏周儒琳妻

楊氏郡庠生謝綵妻
徐氏陳思澄妻
謝氏單福緣妻
成氏竺景玷妻
陳氏丁懋昭妻
楊氏陳慶國妻
陳氏曹永鰲妻
葛氏金廷儀妻
夏氏王一松妻
葛氏葉尚赤妻
錢氏車凝安妻
包氏劉仲權妻
趙氏俞日增妻
胡氏駱文炳妻
許氏葛廷耀妻
陳氏傅秀仕妻
竺氏王甸岐妻
徐氏鄭夢麟妻

董氏梁惠忠妻　何氏王志燦妻　田氏賈倍林妻
潘氏周九皋妻　謝氏葉志清妻　嚴氏監生陳宏基妻
魏氏陳宏仁妻　張氏謝錫琪妻　沈氏糜立功妻
顧氏裴德本妻　周氏夏立綱妻　徐氏葛立名妻
陳氏李揚祖妻　朱氏李永萬妻　楊氏龔小昌妻
陳氏羅奎曜妻　陶氏夏懋建妻　鄭氏葉蔚能繼妻
陸氏陳逵貴妻　石氏趙成龍妻　連氏嚴秀貴妻
金氏俞嬰繼妻　杜氏余光耀妻　陳氏鄭文坤繼妻
杭氏陳榜豪妻　賈氏龔仁妻　丁氏王夢朝妻
胡氏尹炯堂妻　陳氏周庭浩妻　沈氏姚德化繼妻
李氏葛允忠妻　章氏陶繼先妻　茹氏陳德章妻
陳氏夏景華妾　徐氏謝謙秀妻　夏氏丁元亨妻
田氏徐增榮妻　徐氏季方美妻　陸氏余海能妻
謝氏徐殿貴妻　周氏袁孝緒妻　羅氏袁孝紘妻
謝氏朱大奎妻　郭氏趙景川妻　李氏丁玉瑞妻
倪氏丁三寶妻　余氏朱祥壽妻　何氏俞封妻
葉氏董義化妻　宋氏董義德妻　王氏陳榮秀妻
章氏連志楮妻　王氏朱再生妻　趙氏陳德大妻

王氏潘輝濂妻　王氏項萬瑞妻　鍾氏王泉源妻
馬氏趙永和妻　屠氏章志通妻　李氏黃孝風妻
韓氏李光美妻　朱氏鍾保傳妻　經氏監生宣炎輝妻
宋氏李淼妻　黃氏戚文藻妻　屠氏監生呂惠全妻
曹氏賈鳳翔妻　湯氏王大剛妻　胡氏王定孝妻
陳氏鍾國因妻　連氏陳玉妻　汪氏章景和妻
景氏鄭福元妻　徐氏陳文達妻　任氏陳鑑繼妻
陳氏王善慶妻　陳氏沈安初妻　郭氏徐來宗妻
李氏陳光耀妻　于氏鄭雲岱妻　金氏王嘉木妻
王氏邵智秀妻　盧氏范志美妻　趙氏尹福齡妻
王氏陳蘭臺妻　倪氏徐占鰲妻　顏氏劉桂蘭妻
章氏魏大貴妻　陳氏朱進奎妻　趙氏朱茂奎妻
王氏夏嘉達妻　祝氏王國鈞妻　羅氏職員陳省齋妻
褚氏徐望雲妻　李氏羅國茂妻　茹氏陳應祥繼妻
范氏王舜耕妻　陳氏俞元金妻　葉氏林朝品妻
王氏方萬安妻　祝氏酈朝元妻　徐氏唐雙福妻
張氏鄭繼青妻　潘氏李志高妻　章氏陳兆立繼妻
陳氏邵君銜妻　曹氏羅爾康妻　夏氏陳清漣妻

王氏謝九章妻　張氏沈錫贊妻　胡氏陳增祥妻
金氏王紹墱妻　周氏何大增妻　姚氏嚴德聖妻
謝氏陳宗岳妻　陸氏黃永表妻　董氏梁文孝妻
潘氏周杏南妻　譚氏章名揚妻　傅氏金廣仁繼妻
何氏陸挺生妻　鄭氏王斌妻　謝氏庠生葉春熙妻
陳氏糜立仁妻　王氏黃秉文妻　夏氏倪登高妻
陳氏劉忠正妻　嚴氏趙嘉三妻　呂氏趙甲妻
李氏趙長春妻　萬氏邵聯桂妻　傅氏監生陳載言妻
徐氏黃世昌妻　陳氏馮國瑞妻　章氏陳嘉謨繼妻
陳氏項廷枚妻　謝氏劉趾麟妻　陳氏呂如錦妻
任氏陳增高妻　陳氏孫朝福妻　鄭氏李宗沆妻
陳氏王紹曾妻　葛氏許宗遠妻　呂氏趙某妻德寵母
姚氏夏文浩妻　嚴氏陳永法妻　陳氏萬繼恂妻
朱氏陳仁和妻年三十而寡事姑孝姑疾刲股療之
沈氏陳光林妻　屠氏徐兆奎妻　李氏徐維斗妻
陳氏章炳章妻　王氏胡鳳山妻　嚴氏田商琳繼妻
汪氏項廷杰妻　王氏庠生陳貴德繼妻
方氏魏體仁妻　虞氏通道縣典史鄭華妻

羅氏田裁林妻　楊氏候補典史胡誦庚妻
張氏呂綵標妻　孫氏監生林夢庚繼妻
王氏章士秀妻　錢氏職員陳錫範繼妻
陳氏羅炳華妻　王氏候選縣丞曹思綱妻
羅氏陳聯生妻　俞氏監生朱甘雨繼妻
何氏石椿祺妻　糜氏同知銜何桂芬妻
王氏馮源堂妻　葉氏王高進妻　沈氏戚增福妻
陳氏曹鶴林妻　陳氏葉祥麟妻　陳氏金仁妻
嚴氏陳寶妻年三十而寡遺一女姑歿叔幼氏敬事舅撫叔成立守節二十八年
鄭氏傅德潤妻　史氏金名宗妻　王氏張彩林妻
黃氏徐廷槐妻　車氏錢詡妻　顧氏王宇宏妻
蔡氏余二毛妻　許氏袁長齡妻　何氏王可諾妻
應氏余炳奎妻　王氏丁元寶妻　羅氏王芹香妻
黃氏阮高華妻　張氏王五美妻　林氏陳錫寶妻
屠氏蔣文禹妻　葉氏任兆根妻　徐氏監生章國泰妻
顧氏莫安福妻　張氏馬思新妻　宋氏監生俞壤妻
王氏趙毓秀妻　陳氏徐立榮妻　朱氏職員許乃昌妻

徐氏余召惠妻
王氏謝仁保妻
陳氏龔寶林妻
周氏丁月良妻
徐氏王德型妻
貝氏張之屏妻
袁氏金茂元妻
梁氏王澍妻
鄭氏俞壇妻
鄭氏謝茂德妻
馮氏趙溉妻
郭氏周成章妻
宋氏施有義妻
徐氏楊曾傳妻
趙氏糜天錫妻
趙氏李海清妻
丁氏王羽聲妻
唐氏祝文贊妻

王氏陸靖瀾妻
陳氏顧仲南妻
徐氏丁尚德妻
錢氏趙增高妻
王氏徐名立妻
陳氏萬肇煊妻
顧氏金茂義妻
梁氏王錚妻
鄭氏萬繼惠妻
林氏王世鉞妻
馮氏呂孟春妻
阮氏陶三才妻
沈氏謝永齡妻
李氏賈瑞林妻
徐氏陳靜嵐妻
顧氏嚴正治妻
趙氏王作佩妻
王氏祝增元妻

黃氏職員金承福妻
曹氏監生王蔭繼妻
蔡氏丁紹業妻
余氏婁任良妻
鄭氏職員王贊謨妻
朱氏傅邦燧妻
夏氏監生謝越高妻
潘氏俞寶書妻
萬氏庠生錢福同妻
何氏朱尚貴妻
沈氏職員杜秉才妻
張氏葉德政妻
鄭氏職員王紹雲妻
黃氏監生俞棫妻
俞氏監生何慶祥妻
夏氏嚴正學繼妻
劉氏趙聖善妻
丁氏董世傳妻

陳氏田金生妻　張氏陳仁安妻　魏氏監生田照瀚妻
呂氏王瑞興妻　俞氏王瑞源妻　王氏羅寶善繼妻
李氏陳新法妻　張氏萬文海妻　馬氏曹文階妻
賈氏李長林妻　陳氏朱克璽妻　沈氏嚴長泰妻
陳氏李永法妻　陳氏錢尚義妻　陸氏徐瑞蘭妻
袁氏陳肇燦妻　王氏徐六十妻　車氏徐鎮吉妻
陶氏項有益妻　阮氏葉連妻　沈氏監生李榮綬妻
嚴氏夏大有妻　張氏顧章雲妻　袁氏羅敬福妻
王氏陳裕水妻　王氏錢蕭和妻　沈氏陳志德妻
朱氏呂岳祥妻　蔣氏呂乾光妻　王氏屠德成妻
厲氏王韶成妻　阮氏王孝本妻　車氏姚均若妻
梁氏黃仕惠妻　李氏俞福明妻　章氏馮錫福妻
吳氏梁思一妻　夏氏葉景運妻　梁氏監生陳文俊妻
陸氏余艮位妻　朱氏何型妻　趙氏何百齡妻
金氏陳殿華妻　何氏嚴嗣賢妻　丁氏張才俊繼妻
魯氏姚啟豐妻　陳氏王楨兆妻　王氏徐福成妻
陳氏陸東運妻　蒲氏何瑞裕妻　嚴氏何豫昌妻
章氏徐金元妻　陳氏葉宏德妻　李氏陳阿二妻

嚴氏余貴本妻 朱氏錢寶燦妻 屈氏張文濤繼妻
陳氏龔孔豪妻 羅氏馮瑞彪妻 趙氏陳周南妻
張氏錢錫照妻 鄭氏章雲陵妻 曹氏庠生錢儁妻
倪氏羅六十妻 王氏丁其濬妻 竺氏王三桂妻
蔣氏顧進才妻 李氏潘開明妻 陳氏俞元秀妻
田氏杭嘉林妻 朱氏連漢雲妻 徐氏劉紹華繼妻
王氏任文彩妻 夏氏賈開周妻 陳氏王銓美妻
李氏方萬順妻 張氏宣日升妻 金氏周老富妻
連氏章國金妻 陶氏陳尙升妻 史氏糜立芳繼妻
倪氏黃安霖妻 梁氏黃永仁妻 陳氏諸葛汶妻
顧氏朱家寶妻 李氏陳茂秀妻 章氏王進邦繼妻
王氏楊貴華妻 陳氏何薦妻 呂氏楊金山妻
鄭氏俞裕治妻 徐氏劉兕妻 李氏柯奇彬妻
張氏王通達妻年二十二寡苦節自勵失愛於繼姑忍勞忍辱終不易志
陳氏丁日章妻 葛氏張日曜妻 黃氏陳元艮妻
趙氏沈肇修妻 張氏錢志節妻 王氏姚佺若繼妻
王氏鍾陽春妻 余氏葉天縱妻 羅氏田雲龍妻

任氏王清奎妻　丁氏徐德風妻　丁氏經大全妻
陸氏馬升亨妻　張氏馬志亨妻　單氏馬元亨妻
張氏袁煜妻　陳氏葉茂清妻　葉氏謝繼榮妻
沈氏陳文寅妻　梁氏黃安仁妻　嚴氏徐貞煥妻
陳氏王其二妻　曹氏黃述照妻　周氏監生王棻妾
何氏王國泰妻　杜氏葉喬林妻　葉氏任聖銓妻
潘氏王福堃妻　媳鍾氏金垚妻　施氏姚坤妻
錢氏丁泰亨妻　陳氏胡承運妻　萬氏葉美才妻
陳氏王炳照妻　丁氏夏和福妻　劉氏經新妻
金氏徐國昌妻　朱氏夏天興妻　周氏通判王錫範妻
陳氏項寶仁妻　蔣氏金仲和妻　厲氏馮晒彪妻
王氏馮錫洪妻　林氏馮十九妻　盧氏金士成妻
朱氏陳文淵妻　趙氏余坤元妻　于氏李如林妻
趙氏倪福年妻　陳氏徐日曜妻　王氏陳澤妻
王氏章周福妻　顧氏章柏齡妻　葉氏監生呂一貫妻
錢氏黃仁風妻　王氏胡秉鑫妻　石氏徐友功妻
章氏徐則文妻　賈氏劉作述妻　何氏謝小和尚妻
鄭氏何蘭生妻　姚氏曹采仙妻　李氏姚笑山妻

范氏丁文思妻　王氏陳美錦妻　王氏范兆啟妻
潘氏尹瑞秀妻　谷氏王奎標妻　邱氏張開連妻
胡氏田永順妻　陳氏謝志聖妻　徐氏監生周廷璋妻
王氏裴然妻　李氏胡鼎美妻　夏氏王舜傳妻
童氏金積奎妻　葛氏屠載康妻　王氏庠生楊鉦妻
沈氏孫三妻夫被賊害氏年二十一無子忍饑苦守與姑
相倚有姪國法幼失怙恃撫爲後
陳氏汪儒林妻　董氏王彬妻　陸氏葉春榮妻
王氏徐大勳妻　章氏俞金鼎妻　俞氏監生曹思紘妻
郎氏董春榮妻　錢氏陳勝雲妻　陳氏王恆一妻
王氏杜文炳妻　張氏王岳嵩妻　姚氏胡第元妻
陳氏張學道妻　王氏范奎致妻　陳氏監生黃聿來妻
黃氏徐天成妻　車氏曹樹棠妻　唐氏王其東妻
沈氏周尹伸妻　何氏呂世美妻　錢氏王世俊繼妻
梁氏王順泰妻　陳氏張紹敬妻　陳氏監生顧棨妻
鄭氏李懋和妻　高氏阮轂戩妻　俞氏監生呂宗晉妻
郭氏丁星燦妻　呂氏周肇圻妻　黃氏陳玉泉妻
沈氏金有發妻　徐氏許磬闓妻　朱氏胡守場妻

祝氏俞曙山妾　鄭氏王懷生妻　王氏龔曉蓮妻
譚氏葛應峻妻　林氏趙傳妻　胡氏職員俞錫祺妻
貝氏葉文浩妻　戚氏車寶定妻　章氏虞美中繼妻
王氏徐信紀妻　郭氏徐信璜妻　李氏徐鴻恩妻
徐氏王位正妻　蔣氏石璋聲妻　裴氏章國治妻
周氏徐晴川妻　王氏謝邦泰妻　葛氏王佩瑢妻
方氏庠生徐宗勉妻年二十四寡家貧鞠三日孤艱苦備
歷子紹謙光緒己丑恩科舉人
陳氏顧言妻　謝氏王廷瑜妻　袁氏章長生妻
梁氏車步洲妻　陸氏章福昌妻　錢氏夏雨田妻
陶氏周瑞衡妻　賈氏袁鉽妻　梁氏王楨裕妻
陶氏陸萬福妻　邵氏阮光浩妻　魏氏田嘉林妻
宋氏陳汝瑜妻　趙氏陳克明妻　王氏鄭詔臣妻
車氏鍾承業妻　阮氏何文元妻　王氏陳成福妻
高氏楊金海妻　李氏邵長青妻　朱氏監生邵仰山妻
王氏許家悌妻　陳氏車春齡妻　竺氏王守基妻
賈氏倪鳳標妻　王氏謝淦妻　龔氏監生徐鶴春妻
徐氏金名聞妻　余氏李金山妻　夏氏黃正綬繼妻

沈氏杜廣裕妻　陳氏徐鶴寶妻　陳氏丁建寅繼妻
王氏谷如楨妻　錢氏萬繼序妻　梁氏王世成繼妻
楊氏錢振鈴妻　方氏張友妻　陳氏徐家駒妻
厲氏倪寶琦妻　丁氏徐文烈妻　姚氏王世茂妻
任氏章元宏妻　陳氏王沛恩妻　曹氏盧金誥妻
馬氏黃其祥妻　沈氏王道傳妻　田氏監生曹思政妻
俞氏王鼎方妻　王氏何世義妻　劉氏袁家桂妻
王氏俞雲槎妻　孟氏王福謙妻　李氏賈一雷妻
呂氏徐元宰妻　王氏徐元紳妻　王氏金雲耀妻
蔣氏朱調元妻　王氏許磬安妻　馮氏谷槐庭妻
朱氏俞永貴妻　袁氏陳配文妻　俞氏許新齋妻
朱氏王廷秀妻　黃氏錢爾宣妻　陳氏張維良繼妻
吳氏厲瑞煦妻　俞氏董方春妻　顧氏何同臻妻
梁氏李金殿妻　陳氏王元錫妻　鄭氏倪寶成妻
張氏戚才海妻　余氏金元成妻○已上道光間人據採訪

李氏何通妻　陳氏萬祖薪妻　沈氏任生岳妻
杜氏任朝運妻　王氏陸清寶妻　陳氏車炳泰妻

周氏邵南生妻　羅氏陳聖祚妻　夏氏朱濟洲妻
孫氏李元妻○已上咸豐間人據採訪
戴氏徐乾妻　沈氏徐家璜妻　胡氏徐象斗妻
方氏陳兆麟妻　茅氏陳文淵妻　厲氏陳學泗妻
華氏陳錫南妻　葉氏陳亦增妻　楊氏陳學宗妻
王氏陳錫福妻　余氏陳全福妻　胡氏庠生陳濟美妻
顧氏陳青錢妻　王氏陳錦耀妻　許氏陳錦潮妻
史氏陳春妻　沈氏賈繼宗妻　馮氏賈漢良妻
婁氏賈士達妻　羅氏賈遐齡妻　周氏賈振奇妻
王氏賈有斐妻　桑氏張鎮邦妻　吳氏張璧卿妻
王氏張克明妻　杜氏張守錢妻　戚氏經士俊妻
俞氏經士浩妻　田氏經思得妻　陸氏羅爾進妻
胡氏羅福保妻　詹氏羅進良妻　顧氏俞垣妻
徐氏俞載元妻　黃氏俞一澄妻　胡氏吳煥然妻
謝氏吳季良妻　馮氏吳家彪妻　某氏吳國占妻
方氏王文孝妻　郭氏王道福妻　李氏王兆全妻
俞氏姚文珩妻　孫氏姚肇周妻　李氏姚大豐妻
陳氏姚采基妻　俞氏鄭永昌妻　章氏鄭爭先妻

陳氏嚴元麟妻　俞氏嚴株妻　馮氏胡士培妻

郭氏胡增友妻　周氏潘康十妻　姚氏潘玉賢妻

華氏鍾濟源妻　劉氏鍾賓妻　陸氏金鳳池妻

徐氏金子儒妻　金氏樊士炎妻　虞氏樊元化妻

徐氏曹麟錫妻　呂氏丁展其妻　李氏夏小桂妻

劉氏項思聰妻　王氏林安祖妻　楊氏桑鳳鳴妻

范氏梁楚珍妻　蕭氏石師球妻　李氏章洽妻

賈氏布政使經歷銜謝榮光繼妻　曹氏謝漢林妻

鄭氏謝安國妻　盧氏沈鶴雲妻　顧氏盧某妻三益母

李氏盧某妻○已上生年未詳據採訪

丐戶葉氏許鳳蘭妻○據採訪

右節婦

附考有傳者詳本傳下

明

汪氏俞紹龍妻○案俞氏譜紹龍行登七舊載譜行今書名

謝氏陳允敬妻○案康熙志傳郡守王期昇表其門嘉慶志入　國朝今改歸明

黎氏劉昱妻周氏劉晨妻○案劉氏譜昱行洋七晨行洋十嘉慶志昱作昊備稿又續載譜行並誤

謝道貞妻道均妻玹妻錠妻大經妻無忌妻孔引妻徐昌名妻建英妻九人舊入　國朝未旌節婦表今據謝徐二氏譜改歸明

嚴氏丁墀妻○案嘉慶志入　國朝節婦表今據丁氏譜改歸明

國朝

傅女周榮聘妻一作何氏見浙江節孝全錄顧女○案乾隆府志貞女表兩載顧女一云與曹女並見縣册皆已旌嘉慶志僅載楊德未婚妻顧氏乾隆十一年旌今不複載

曹女○舊志失載據府志補

余氏張玉殿妻○案採訪册玉殿一名五一云余氏張之伍妻咸豐辛酉遇賊不屈死當卽張五妻也忠義録又載余氏張玉田妻田殿歧出無疑今皆削之

任氏俞英發妻○案浙江節孝全録作俞發英妻縣册作俞發英繼妻當卽一人今不複載

羅氏鮑汝江妻○案忠義録作鮑羅氏今據採訪書名

魯氏陳效聖妻採訪册效聖亦作耀聲

王氏丁有五妻○案忠義録巳載王氏丁五妻此疑歧出又前兩載丁阿五妻一徐氏一姚氏謹從傳疑之例皆並存之

潘氏陳華暘妻○案華暘名金陛行鉷二舊志未旌節婦表又載鉷二妻重出據刋誤删

章氏徐振緒妻○案徐氏譜振緒行禄十二通志作徐禄妻舊志作禄十二妻均係譜行今書名

趙氏王雄略妻○案王氏譜雄略字絅韜舊志兩載且絅誤作絅今削其一

張氏陳之循妻○案之循一名特生舊志兩載今從刋誤

削其一又案通志訛特爲時並削之
徐氏周祖康妻舊志訛周爲陳據刋誤改
胡氏章廷光妻○案氏孝子元彪女舊志訛章爲童後又載章廷光妻幾作兩人今從備稿削其一
黃氏徐復超妻○案復超舊作復光據刋誤改
鄭氏丁賡漢妻王氏丁浩妻○案府志載鄭氏丁浩母不著夫名浩妻王氏附註鄭下又月載丁賡溪妻鄭氏備稿謂鄭爲浩母無疑惟溪漢二字必有一誤然不可考今姑仍舊志
陳氏黃裳妻唐氏黃莊妻○案舊志陳列末旌表唐失載據府志補
李氏陳璟妻舊志璟作景
周氏葛毓來繼妻○案舊志作毓求妻據刋誤改
陸氏陳應鵬妻一統志鵬作鵾　項氏萬鳳溪妻萬作范
陳氏朱桓妻桓作坦　項氏曹言綸妻曹作張　吳氏曹鳳起妻鳳起作起鳳　謝氏宋常祿妻宋作朱祿作六　夏氏鍾仲讓妻讓作襄　魏氏錢克銓妻銓作詵　顧氏呂如輅妻輅作軺　羅氏田廷三妻廷作延

氏　袁氏謝克拯妻拯作極　王氏黎艮妻艮作銀　蒲
氏桑定國妻定國作國定　王氏顏世美妻顏作顧
朱氏葛席蘭妻蘭作簡　宋氏曹思恭妻恭作參　劉
氏王若佑妻若作君今俱從舊志

張氏謝德嘉妻舊志嘉作加
曹氏陳仲燦妻舊志兩載今削其一
徐氏謝公沛妻一統志無沛字據舊志增
朱氏李人政妻○案一統志訛李爲朱府志又載某氏朱
人政妻今從舊志不兩列
趙氏王績榮妻○案舊志績作積並見未旌表今據一統
志改
戚氏李天如妻○案一統志作陳氏據舊志改府志既載
戚氏又載陳氏今不兩列
章氏曹鴻慶妻○案府志又載章氏曹鳴慶妻舊志無今
不兩列
陳氏徐虎文妻舊志虎文作文虎
張氏陳廷勳妻舊志兩載今削其一
林氏趙祖法妻舊志法作發

沈氏趙奎妻○案舊志又載沈氏趙魁妻魁奎俗通疑即一人今不兩列

許氏范佩及妻○案府志又載徐氏范佩及妻舊志無今不兩列

唐氏金光宗妻○案一統志作宗光據舊志改府志既載宗光又載光宗今不兩列

陳氏李會芳妻舊志會作惠

龔氏曹繩其妻一統志無其字據舊志增

陳氏王宏祚妻○案達溪王氏譜茲四名宏祚一統志作茲四舊志兩載今書名而削其一

陳氏王定遠妻○案舊志定作廷且重出據一統志及王氏譜更正並削其一

丁氏黄豫侯妻舊志豫作予據黄氏譜改

王氏劉太聰妻○案一統志作天聰據舊志及劉氏譜改府志既載天聰又載太聰今不兩列

屠氏田爾衡妻○案田氏譜鈞字爾衡舊志字名兩載今削其一

潘氏何奎儒妻舊志儒作如

葛氏顧允詵妻王氏顧允詡妻○案允詵字爾宜允詡字再虞一統志均書字今從坊表改書以免歧出

陸氏陳之奇妻○案府志又載陳奇妻陸氏舊志無今不兩列

倪氏王志芳妻○案一統志作子芳據舊志改府志既載志芳又載子芳今不兩列

王氏馬秉文妻舊志秉作炳

萬氏項若濟妻舊志作某氏今正

喬氏陳維孝母朱氏維孝妻○案舊志僅載維孝妻姓氏亦誤據一統志及府志增改

徐氏宋洪謨妻○案府志作洪漢據備稿及宋氏譜改舊志既載洪漢又載洪謨今不兩列

龔氏王茂霖妻舊志霖作林

田氏陳鎰八妻舊志鎰作璐

章氏曹達祖妻○案府志作達曾舊志兩載章氏皆作達祖妻今從之而削其一

黃氏徐際可妻許氏均可妻○案徐氏譜調會字際可調燮字均可舊志字名俱兩載且際誤作除今正

徐氏葉燦久妻舊志久作玖

王氏史景增妻○案一統志已載任氏史景增妻任王疑字形之誤舊志兩載姑仍之

黎氏杜宗黼妻○案舊志府志黼並作甫據採訪改

潘氏鄭如銓妻○案一統志已載潘氏鄭汝銓妻汝如疑有一誤舊志兩載姑仍之

謝氏鍾嘉修妻○案氏道光三十年重旌見闡幽甲錄今從嘉慶志

胡氏王世安妻舊志兩載今削其一

車氏張德恩妻○案一統志已載車氏張德安妻恩安疑字音之誤舊志兩載姑仍之

蕭氏田鴻妻○案田氏譜鴻字起騰舊志字名兩載今削其一

富氏徐言妻沈氏徐求源妻陳氏徐自求妻盛氏徐文秀妻王氏徐芳妻陳氏徐一位妻屠氏任光一妻羅氏姚我萍繼妻已上八名皆道光三十年重旌見闡幽甲錄今從嘉慶志又案任光一妻舊志兩載今削其一

沈氏徐潤妻舊志兩載今削其一

趙氏何浩妻旌册作浩僅今從舊志
周氏顏爾贊繼妻舊志顏作顧誤今正
陳氏徐貞桂妻舊志兩載今削其一
蕭氏趙逢時妻舊志遺時字據採訪補
姚氏呂德周妻舊志訛周爲用據刋誤改
陳氏謝友潮妻○案舊志作友趙據題旌册及採訪改表
內又載何氏謝友潮妻今不兩列
徐氏謝逢鄉妻舊志訛鄉爲卿據謝氏譜改
吳氏黃普妻○案黃氏譜普字得正舊志字名兩載今削
其一
徐氏陳廷鈺妾旌册訛妾爲妻據採訪正
張氏萬啟杭妻旌册杭作杬據採訪改
丁氏魏聖和妻閻氏聖時妻旌册聖作勝今從採訪
陸氏張其賢妻○案旌册有陸氏張傑賢妻其傑疑音之
誤姑存之
徐氏周泰元妻舊志泰一作太今不兩列
萬氏范濤瑞妻舊志兩載今削其一
張氏范景杰妻表徵錄作范對山

萬氏陳斯文妻表微錄斯作思

周氏范聖統妻○案范氏譜聖統名秉道舊志字名兩載

今削其一

馮氏張士衡繼妻表微錄士衡作上衡

章氏謝樓觀妻○案謝氏譜樓觀字目千舊志字名兩載

今削其一

呂氏徐景蕆妻闡幽甲錄景蕆作景茹　曹氏朱耀庭妻

庭作定　喬氏胡誠齋妾妾作妻　盧氏沈培嘉妻培

嘉作嘉培　黃氏陳梯雲妻梯雲作雲梯　楊氏陳炳

元妻炳元作炳南　萬氏錢春升妻萬氏作范氏　謝

氏賈永延妻延作年　阮氏顧金莖妾妾作妻　錢氏

萬文烑妻烑作耀　董氏謝景桂妻桂作貴　金氏馮

景遠繼妻遠作椽　黃氏陳登皐妻皐作高今俱據採

訪正

錢氏許夏梁妻○案許氏譜夏梁字汝松甲錄作汝松妻

今改書名

陳氏杜延生妻採訪册延作賢

王氏賈光仁妻採訪册仁作潤

石氏宋樂鳴妻○案甲錄鳴作明據採訪攷沈奎補稿又
載石氏宋驥妻字名歧出今削
梁氏宋繼妻○案備稿據甲錄作繼緒妻據採訪正
鄔氏宋枚妾○案沈奎補稿枚作玫據採訪正
邵氏余如芳妻採訪冊如作汝
趙氏葉國香妻採訪冊香作相
阮氏鍾潤昌妻採訪冊昌作滄
嚴氏余萬成妻採訪冊成作盛
李氏陳東標妻採訪冊李氏作黎氏
朱氏周煥辰繼妻採訪冊辰作仁
方氏任禹慶妻縣冊慶作庭　車氏謝復英妻復作俊
楊氏王元志妻元下無志字　陳氏王德洄妻洄作潤
楊氏王張貴妻張貴作博堂　龔氏胡守埒妻埒作
墀並據浙江節孝全錄更正
丁氏陳安發妻採訪冊發作法
章氏許元勤妻採訪冊勤作瑾
胡氏錢吹幽妻闡幽戊錄吹幽作幽　丁氏嚴賓書妻賓
作丙　姚氏徐金福妾妾作妻　符氏夏國昌妻符氏

作陳氏今俱據採訪正
陳氏王上林妻採訪册上作尚
王氏杭世奎妻採訪册奎作魁
姚氏王天才妻採訪册才作瑞
吳氏錢敬錢妻○案闡幽己錄敬作錦錢作銓誤今正
陳氏夏經高妻採訪册經作金
沈氏姚印璲妻縣册印璲作璲　吳氏胡啟鵬妻啟鵬作鵬　貝氏賈濂妻濂作廉　趙氏徐朝光繼妻朝作潮今俱據採訪正
姚氏張衡玉妻採訪册衡玉作玉衡
黃氏符福貴妻○案縣册福貴作雨亭今書名
郁氏徐仁和妻採訪册仁作人
徐氏丁鳳邵妻採訪册邵作韶
袁氏吳桂芬妻○案採訪册作監生吳銓妻歧出今刪
葛氏馬克竣繼妻採訪册竣作峻
黃氏張錫嘉妻採訪册嘉作家
章氏趙庚桂妻採訪册作趙桂妻
宋氏袁槎妻浙江節孝全錄作袁于槎妻　蔡氏陳森正

妻正作林　項氏謝梯逝妻逝作廷　黃氏項澍妻澍
作雨亭　朱氏陳如春妻如作樹　王氏楊善章妻章
作長　顧氏潘大昌妻大作泰　王氏陳運燦妻運作
雲　沈氏宋雲青妻青作卿　錢氏陳吹篪妻吹篪作
篪　陳氏顧殿魁妻魁作奎　朱氏王士言妻士作仕
周氏張廷瓚妻瓚作鑽　羅氏吳善鈞妻鈞作均
丁氏沈錫璜妻璜作鐄今並據採訪正
王氏陳萬清妻○案浙江節孝全錄清一作青今不複載
吳氏李震雷妻○案採訪册李一作袁同治閒旌誤今刪
朱氏馮日炫妻採訪册炫作昡
鍾孝女○案嘉慶志無傳表註有傳誤
顧氏陳嵩楠妻○案氏舊入節婦表今歸孝婦
陳氏田宗道妻○案氏又見節婦表今刪歸孝婦
陳氏羅鴻度妻媳陳氏廷獻妻姪媳史氏廷栻妻○案舊
志節婦表鴻作宏廷作庭傳栻作式並誤據羅氏譜正
嚴氏徐熙左妻王氏繩左妻舊志左俱作佐據徐氏譜改
閻氏謝言倫妻舊志倫作綸據謝氏譜改
何氏謝承寵妻舊志訛寵爲龍據刊誤改

周氏盧可達妻舊志兩載今削其一
張氏陳鳴鳳妻府志鳴鳳作鳳鳴
呂氏胡鯷妻俞氏胡鱠妻○案鯷字繡文舊志作文秀鱠
舊作繪並誤今正
丁氏陳孔璋妻府志璋作彰
羅氏沈成德妻　胡氏葛漢章妻　孫氏徐公納妻○已
上三名舊志失載據府志補
王氏謝以仁妻舊志仁作任據謝氏譜改
婁氏丁靜芝妻府志芝作之
沈氏朱宗四妻○案前已有朱忠四妻沈氏府志僅載宗
四宗忠疑傳寫之誤今姑並存
宋氏劉士玉妻府志士玉作上玉
鄭氏呂景彬妻舊志景作晨據府志改
厲氏吳師旦妻舊志訛旦爲目據府志改
陳氏姚德峻妻府志峻作俊
金氏陳緦宗妻○案舊志未旌表三載金氏皆適陳一思
宗妻一世忠妻一緦宗妻思宗妻見前已旌今删其一
曹氏張登高妻曹氏張登皋妻沈奎補稿登高妻乾隆閒

夫故守節登皐妻嘉慶閒夫故守節

華氏林安仁妻○案採訪册氏子名志心一作華氏林志

信母重出不錄○又趙氏王孝全繼妻據續採訪年不

符例並不錄

節婦補遺

陳氏杜南衡妻

宋氏杜建立妻

李氏王兆全妻

章氏陶繼先妻

金氏陳煥照妻

袁氏王春鑑妻

施氏許雲香妻

胡氏馮志剛妻

張氏馮振名妻

任氏吳化育妻

王氏杜以賢妻

朱氏錢三葆妻

吳氏陳泳保妻

黎氏徐元珊妻

邵氏何墉妻

趙氏宋周賚妻

王氏馮振聚妻

葉氏馮振興妻

丁氏杜以埥妻

徐氏監生杜學濱妻

朱氏顧萬盛妻

陳氏監生金靜瀾妻

王氏生員顧鶴齡妻

陳氏監生袁家堃妻

經氏徐元亮繼妻

陳氏監生吳錦林妻

上虞縣志校續卷二十

輿地志一

分野

古來志星分者無慮十家大較上虞分野屆牛女閒今之紹興非昔之會稽隸止八邑疆域不及古十之一而上虞又僅居紹興八之一所分星度能有幾也乃知吳越災祥不當分視即風氣雲物宜以一郡通占萬歷志

唐天文志載僧一行之論凡分野不以星之南北分地之南北也視雲漢貫注得其精氣之所至耳南斗在雲漢

上海圖書館藏

下流故當淮海閒爲吳分野牽牛去南河星名凡三星在井宿東南寖遠故自豫章至會稽南逾嶺徼爲越分野明劉基清類分野書以僧一行所論十二篇繫於其首而編次紹興府爲牛女分野分野有節目以二十八宿分之今紹興卽古越地自唐宋元明以來俱占牛女其應如響閒有私心穿鑿割某度爲會稽某度爲上虞者與雲漢貫注之說大爲悖戾象緯家知之儒者多不知或問紹興府旣占牛又何以占女曰郡境之陽宜占牛其陰負海皆占女會稽縣志本王德邁論

女三度紹興府上虞嵊縣新昌入四分之六內緯秘言

嘉慶志云舊志援引分野羣說連篇累牘細按之非古越分野卽古會稽郡分野置之紹郡志中尙嫌膚泛況虞志乎故刪節之以省繁文

疆域

縣在府治東一百二十里東西廣五十三里舊浙江通志南北袤一百三十里萬歷志○案舊浙江通志南北袤一百一十里與下南北兩界併合不符

東二十三里至淸賢嶺餘姚縣界新纂○案舊府志萬歷志所載四至八到方里多未核謹詳辨於後

東北二十二里至孫郎橋橋石鐫云姚江西界第一橋餘姚縣界新纂

東南四十五里至錢庫嶺餘姚縣界新纂

南七十里至覆巵山嵊縣界新纂

西南六十五里至三界市會稽縣嵊縣界新纂

西三十里至曹娥江西岸會稽縣界王氏備稿

西北七十里至黃家堰堰外爲舜江隔江爲會稽縣界新纂

北六十里抵海舊府志海北爲海鹽縣界萬歷志

案縣境自唐中葉徙治今所從無贏縮舊志所載疆域除北界外多未核實如府志東二十里至通明壩今壩距縣東僅五里壩下縣境尚二十許里萬歷志東二十八里至新橋橋在縣東北十五里越橋而東縣境尚七八里此東界之未核實也府志東北二十里至新壩新壩不詳所指如云新通明壩壩東北下縣境尚十餘里

如云下壩已屬餘姚並非縣境此東北界之未核實也府志東南四十五里至白道猷嶺嶺於縣爲南嶺外爲縣十五十九等都縣境所轄非止於此此東南界之未核實也府志南一百三十里至覆巵山山去縣無百三十里萬歷志南七十里至郁嶺石狀鋪郁嶺即郁樹嶺雖亦虞嵊界而於縣爲南之西此南界之未核實也府志西南九十里至車騎山今山屬嵊縣去縣境已遠此西南界之未核實也府志西三十里至曹娥江中流今江西岸曹娥廟南上立有界碑鐫云會稽上虞界此西界之未盡核實也西北之界府志萬歷志皆云黃家堰是矣而以今道里準之亦猶未合謹據各鄉採訪刊正如右

萬歷志徐待聘曰虞邑提封百里非隘也然計境內區域大半爲巉巖沮洳之場膏腴幾何所賴俗故儉樸不見異物而遷焉有田一坵有屋一廛斤斤畫壤而守之可以累傳無失彼錐立無地者即欲胼胝謀朝夕而弗克自給則勢不能不游食於工賈殘臘鷹歸以資俯仰歲朝又裹糧行矣夫豈獨無家人父子之情也嗟乎疆

域爲民設也疆域而不得有其民卽廣狹何論焉是在長民者軫念之而已

形勝

東山巋然出衆峰間如鸞飛鳳舞方輿覽勝

百樓五癸對峙後先玉帶金罍環揖左右正統志

左舜江右姚江南帶溪北負海河橫厥中亘三十里山則百樓拱前五癸峙後羣峰蜿蜒自西而東周遭矗矗若雉堞然於越新編

舜封舊壤延袤百里襟帶長江面山負海金罍檀燕仙人之都居釣臺東山名賢之故宅湖光練明海岸雪白誠

越邑之巨麗也府志引上虞縣舊志

二樓屏列於南東西百樓五癸周環於北左右有娥江舜江之流前後有玉帶金罍之秀縱覽四郊山水吞吐高深掩映居然大觀誠他邑之鮮儷者也萬歷志

坊都　附村鎮行市

隋以前不可考唐十道圖縣各有鄉有里然其廢興沿革亦靡得而記焉

宋熙寧三年行保甲法始置都領於鄉本縣置一十四鄉分領二十四都改里曰保領於都多寡不同或一鄉領

數都亦有一都分屬兩鄉者娥眉鄉以山名領一都十保二都一保永豐鄉領二都九保三都六保半四都九保鎮都四保寍遠鄉領四都一保五都十保六都十保七都二保新興鄉領七都八保八都九保孝義鄉領九都十保十都二保八都一保上虞鄉以舊治所在名領十都八保三都三保半載初鄉領十一都十一保葛仙鄉以葛元墓名領十二都十保景隆鄉領十三都九保十四都七保上山鄉領十四都三保十五都十保十六都九保寶泉鄉以寺名領十六都二保十七都十保十八都十保下管鄉

府志爲瑞像鄉誤鄉作下鄉以寺名領十九都十保二十都八保十八都一

保上管鄉府志爲瑞像上鄉領二十都二保二十一都十保二

十二都六保始寍鄉以舊始寍縣名領二十二都四保二十三

都十保是時附治之地亦屬都故無坊元豐八年廢都

保置附治地爲十三坊尚德尊賢照脩聽位崇義恤孤純孝好學屬文務農廉貢思仁

重義習古郭外仍以鄉統里娥眉鄉領里二蘿巖舊志鏡泉漈案王氏備稿

等慈寺石塔題名記有大宋國紹興府上虞縣□□□鏡泉里居住云云某鄉字已泐而鏡泉里無可考蓋不

知今娥眉鄉有以鏡泉名里者永豐鄉領里三王祥舊志鎮山游秦秔陳本作秫水寍遠鄉

領里三夏蓋舊志昭德紫徽秔陳本作秫水新興鄉領里三纂風舊志西岑洋浦秔陳本作秫水

孝義鄉領里三嵩城舊志孜浦殷宅稅陳本栝本水栝本水末利載初鄉領里一集浦葛仙鄉領里一蔡碑景隆鄉領里一常管上山鄉領里一南寶寶泉鄉領里一夏湖下管鄉領里一新安上管鄉領里二孝義舊志鳳林舊志始[寍]鄉領里五通明舊志良安雲溪長豐孝婦舊志

上虞鄉領里二蘭芎舊志姚墟舊志

案宋時以鄉統里所領不一府志載七屬之鄉領里有多至十六者如蕭山縣鳳儀鄉是也最少亦二三里而虞獨不然蓋府志本於縣志萬[歷]志載一鄉所領僅標一里是其闕略謹據記載採訪所及略增補之餘俟考焉

元時縣各置隅城內四隅東隅南隅西隅北隅共領圖七

不隸於縣置錄事司掌之坊名仍舊惟好學改爲金罍
末年坊多燬鄉改爲都里改爲圖
明初罷錄事司以四隅還縣縣令趙允文復置坊而更其
名照位曰宣化崇義曰正俗恤孤曰阜民純孝曰孝聞習古曰節孝思仁曰忠諫務農曰務本廉賈曰豐惠重義曰閱武惟金罍尙德尊賢屬文無改後增置一坊曰澄清合一十四坊都
仍舊圖復爲里後更定爲九坊亦名九巷每巷設總甲一人郎本土人爲之曰宣化坊在縣前曰正俗坊由縣前至西城曰大忠坊郎阜民坊曰忠諫坊在新街口以宋劉忠公居此因名曰孝聞坊由新街口至北城五坊在運河北曰金罍坊由通濟橋至西南城曰西南坊郎金罍坊分出近通澤門曰尊賢坊在東城曰節孝坊在南城以宋趙民坦殉國其子友直痛父哀慕故名四坊在運河南九坊

領里十都凡二十有四第一都第二都俱領里六第三都領里十第四都領里三第五都第六都俱領里五第七都領里二第八都領里八第九都領里九案舊志脫八第九都領里六字今從府志訂補第十都領里十四第十一都領里四第十二都領里五第十三都領里三第十四都領里五第十五都領里四第十六都領里二第十七都第十八都第十九都俱領里三第二十都領里四第二十一都領里六第二十二都領里十第二十三都領里十四鎮都領里二合一百四十六里編年各十其見年應役者在坊

曰坊長在里曰里長（以上萬歷志）

國朝康熙十三年三藩之變坊長承值軍需甚苦奉文禁革改坊都爲城都改里爲圖城外二十五都（案所增領曰恩都）圖（案圖爲里）或多寡仍明制而稍有增損計編戶一百四十二里賦役全書原設版圖一百三十三圖雍正七年改甲爲順莊凡三百九十九莊（乾隆府志）

村鎮行市

夾塘　鋪前　湖霪頭　任村　何孟村　張宋村　碑牌頭　大池頭　上木橋　下木橋　洞橋頭　方家

泊　新通明　梁皇廟上　鄭監山　祖一房　蘿巖

山下　董貫嶴　俞家壩　葛家壩　戴菴畈　謝家

橋　管塘下　上下徐　馮單　下單　馬葉村　安

家渡以上一都

孝聞嶺　馮家　戴家　陳家　徐家　應家　任家

杭家　楊家溪　黃倪巖　孫家搭　劉家　橫塘廟

徐家嶴　趙嶴　倪嶴　嶺下王　鄭嶴　上嶴

大嶴　西徐嶴　王家埠　趙埠　馬慢橋　華家嶺

沈家　下閘頭　朱家　賈家　燕窩　高巷　合

田嶴　謝家岸　魯家眺　茅家溪　經家灣以上二都

驛亭　石堰　西陡亹　南湖　羊山　匾墩　峧裏

胡家嶴　王郎嶴　董家山　跳頭　嶺南　小越

東羅　西羅　辟巷橋　朱家灘　趙杭橋　石家

田家　阜角堰　王牌嶴　孔家嶴　山南　前後鄭

陸部嶴　顧家　石板衕　隔溪　史家橋　大山

下　曹村以上三都

橫山　倪梁徐　山後陳　陸家　章戴　梁湖堰　黃

家畈　西谷畈　五車堰　閘頭　大通橋　柯山

河清口　黃家堰　馮家山以上四都

城見司　茹家　宋家　龍圖王家　謝家塘　堰頭

胡閘　施趙成　河口　火燒場王家　顧家　沈家

　東橋頭　方村　裏外横港　賈家　小章家　岑

倉堰　烏盆　浦前　夏蓋山　張陳　東河沿　西

　河沿　灣塘頭以上五都

金馮劉　寺前　退塘畈　分金橋　思湖　東西横港

　五龍　前莊　鵲子今作雀嘴　槎浦　塘下　鍾宋以上六都

踏浦　前桑　後桑　潭頭　溫涇　許家　鄭家埭

新橋頭　張家埠　牛墩　周家堰　車頭灣　塗頭

滁澤橋　橫河　花弓　前朱　後朱　纂風　南

匯　瀝海所　黃家堰案舊志黃家堰有巡檢司即此是堰西五百餘步爲會稽界

以上七都

蔡林　江口　淩湖　楊家橋　前後郭瀆　五叉港

後岸　埒頭　孫家渡　賀家埠　譚村　塘灣　潘

蔣　朱邵　林中堰　下洋　黃家堰案與在七都者同名異也以

上八都

丁家埠　上湖頭　下湖頭　嚴巷　唐家橋　張湖

崧鎮　潘韓　章陸　裴厝　東華　西華　呂家埠

郎雁趙村以上九都步

華渡橋　前龔　後龔　蔡嶴　漁疉　蔡山頭　屈家

堡　王家堡　湖塘下　周劉　高灣　羅大灣　瀾

嶺口　倪家窰頭　潘家陡　寺前　曹坊　黎嶴

周嶴　柴嶴　陳射虎嶴　朱家堡　西華窰　曹家

堡　倪家堡　後張　前張　裏梁湖　西山下　外

梁湖　古里巷　隱嶺　裏外嚴　孫家埠　馬家埠

章嶴　金家嶴　百官　梁家山　新建　後郭

前江　葉家埭　湖田　施家堰以上十都

蒿山　蒿壩　拗花山　荻圻　任村　南穴　花浦

杜浦　漳汀　梅塢以上十一都

馮浦　石井　蔆湖　新窯　夏家埠　方衙　横汀

董家山　姥山　上埠　甲仗　虹漾　玩石　梁嶴

方嶴　大善　大山　崑崙　陶嶴　上浦以上十二都

浦口　鄭村　俞村　傅村　石塘　瀦湖　王家匯

大湖嶴　花墅以上十三都

章家埠　宋家浦　馬村　箭橋　赤雁　沈家埠半屬會稽

林㮊　湖頂　葉村　中村　朱陵橋　隔山　錢村
灣頭　江沿以上十四都
龔㮊　魏家莊　盛家衖　清潭　大畈　丁家嶺　魏
村　諸里㮊　楝樹下　石窩　丁家㮊　平岡　正
頂山　東澄　梁宅　胡村　下灣　西李　下許
王家畈　章頭　雅莊㮊　許㮊　田家山　裏外蔣
山　油竹坪　白龍潭　懸巖　逕路　煮煉　上蘇
盧村　馬家坶　阮莊　朱村以上十五都
南堡　牛步　周㮊　須宅　趙宅　蔡宅　石溪　半

山以上十六都

俞傅村　韓宅　葉橋　任村　呂宅　新宅　季嶴

張村　塔莊　陳家庫　陳墩　枚山　河頭　鮑嶴

張嶴　管村　主山以上十七都

丁宅街　楊婆橋　下沙地　横塘　西莊　鄭嶴　西

山下　東山下　下徐　乾溪　謝嶴　上下埠　關

山以上十八都

洙溪嶴　鳳桐樹　張家嶺　王村　石沸　宣家　門

陡　戴家畈　許郎嶴　下嶺　乾溪廟下　大阮嶴

陳家嶴　太平山　丹山　生畈　糜家衕　黄泥龍　雙鎮　下徐　珍坑　天平山　虹橋　劉家塢　孫溪　石界址　舊宅　嶺下　徐家搭　深灣嶠　黑龍潭　隱地　陳溪口　潘宅　裴鄉　石橋頭　上倪　下倪嶴　小陳嶴　夏家嶴　糜家山　盧田　以上十九都

上莊　許岸　錢溪　燕窠　徐邵灣　童郭　大嶺　汪家橋　唐衕　石彈下　下管　廟下　東西李溪　大石埠　沙墩　郭家衕　阮家湖　溪南　大齊

嶴　廟灣　缸窰　趙嶴　任家溪　橫笆衕　大田
笆衕　谷嶺　象田寺　車嶺以上二十都
蒲灣　王家埠橋　鄭家堡　毛竹蓬　竺郎畈　淡竹
山　西涇畈　裏外南嶴　甑底山　半湖　駱家嶺
谷家嶴　徐家嶴　王家山頭　何家嶴　高沙墩
周家巖　沿溪　紙坊　各棚廠　雙溪橋　梅家
嶴　西溪　東溪　杜溪　上舍嶺　向盧村　上山
頭以上二十一都
高道地　東河沿　孟宅頭　老通明　花園畈　朱村

車畈　下王畈　仙姑洞　應㙊　瓦窰頭　董家

㙊　任㙊　麻㙊以上二十二都

湯橋　東山　高墩　朱巷　包邨　杜家　余巷　孫

家閘　姚邨　西園　呂家橋　四明港口　石溪橋

丁程邨　萬家　徐邨　大陡畈　永和市　橫山

萬㙊　匊㙊　張家汊　項家　邵家池　潤滋湖

八字橋　箭山　後陳　橫路　建峒西㙊　建峒

東㙊以上二十三都

五夫　姜西㙊　長壩　湖溪陡以上鎮都

右村村不止此錄其較著者○新纂

五夫鎮在縣北三十里今廢嘉泰會稽志

纂風鎮在縣西北七十里今廢嘉泰會稽志

右鎮案今凡市廛稠密處往往稱鎮而嵩城章家埠小越百官梁湖爲最著○新纂

米行各鎮俱有而聚於豐惠橋之南北萬歷志

鹽行在新通明堰亦有土民領官票而賣者謂之鹽戶萬歷志今廢備稿

杉木行在孟宅閘上河萬歷志

柴市在百雲門及通澤門萬歷志

炭市在豐惠橋上至街南竹樹及版在百雲門外萬曆志

布帛絲綿市在儒學前萬曆志

魚鮮蔬果褋貨市自雙節坊經儒學前大忠坊口萬曆志

鵞鴨雞市舊在新街口西至浴堂橋今移入街口萬曆志

羊市在楊橋巷口稍東萬曆志今廢新纂

猪市舊在等慈寺前九獅橋上今移西門外城下小猪市在務前皆單日萬曆志

牛市在東門外河南岸西自探春橋東盡明德觀橋以三六九日爲期各縣多有就者其牙率皆市魁每一牛則

四五八叢至作隱語以愚交易者如一兩則曰汪僧一錢則曰拗子之類萬歷志今廢地猶稱牛場街新纂

磚瓦市皆在十都居民以船載至學前河下亦單日萬歷志

備稿云今城中以單日爲市期行戶市牙隨人地遷移興廢不常尋常食用貨物大率以豐惠橋爲聚集之所穀米豆麥以八字橋下南門街東門外三處爲最盛

縣市在縣東二百十步豐惠橋邊萬歷府志有隨時作市者如春筍在南門外沙塍上春夏間桑葉在南門内洞橋邊秋冬間芋在南門外沙塍上綿花紵蔴俱在南門内新穀俱在東門内外鄉人負擔而至米行人以筐筥盛之

爲之准銀穀以資其升斗米則四時皆然萬歷志

梁湖市在縣西三十里萬歷志

百官市在縣西北四十里萬歷志

嵩城市在縣西北六十里萬歷志

小越市在縣東北四十里萬歷志

橫山市在縣北四十里萬歷志

五夫市在縣北四十里萬歷志

五車堰市在縣北四十五里萬歷志

夏湖溪市在縣南二十里萬歷志○案即丁宅街市

紹興大典◎史部

下管市在縣南三十里萬曆志

南寶市在縣南四十里廢萬曆志

章家埠市在縣西南四十里萬曆志

三界市在縣西南六十里上虞會稽嵊三縣之界三六九日爲期萬曆志

上浦市在縣西南四十里萬曆志

謝家橋市在縣東十里嘉慶志

永和市在縣東十五里嘉慶志

橫塘廟市在縣北二十里嘉慶志

蒿壩市在縣西南四十里嘉慶志

夾塘市在縣東北十五里備稿

章家市在縣西六十里新纂

西華市在縣西六十三里新纂

謝家塘市在縣北五十里備稿

瀝海所市在縣西八十里新纂

萬歷志曰民生日用百物需焉夫誰皆取諸宮中貿易有無自古然矣彼列肆而居負販而趨者亡論若行則聚貨每日爲常市則鬻貨期日以會余於行市而觀虞風有以知其俗之樸而民之貧也以食則止於米鹽蔬鱻而無珍饈以衣則止於麻縷絲絮而無紈綺以用則止於薪炭竹木篙箕甕盎之類而無奇巧所謂樸且貧

者是不可概見耶且窮鄙之民早夜孜孜胼胝不得休暇採於山則有餘蘇耕於野則有餘粟以至牲畜之卵胎而生緋澼絖與灑削之所圪力而成者一旦有急須則側肩喘汗而踵市門計獲錙銖以濟燃眉而龍斷者規其盈賍儈者幻其智十不得七而錢且入手盡矣乃又有狡而挾貲者指計倪白圭之餘算矚所必用之物乘其緩以儲之時値騰踊售其濫惡鄉民有可欺者脱復貨之不滿識者一笑甚則有以贋物僞鏹互相眩弄茲行市之大較也嗟嗟剖斗折衡而不爭其風邈矣茲欲平物價而禁民欺其在復古之司市乎

右行市

上虞縣志校續卷二十　輿地志一